献礼中国共产党成立100周年

中小学生研学实践教育手册

红色研学在陕西

西安市中小学校外综合实践活动基地　编

（上册）

西北大学出版社
·西安·

图书在版编目(CIP)数据

红色研学在陕西 / 西安市中小学校外综合实践活动基地编.—西安：西北大学出版社，2022.6
ISBN 978-7-5604-4875-6

Ⅰ.①红… Ⅱ.①西… Ⅲ.①爱国主义教育—中国—青少年读物 Ⅳ.①D647-49

中国版本图书馆 CIP 数据核字(2021)第 249358 号

红色研学在陕西

西安市中小学校外综合实践活动基地　编
出版发行　西北大学出版社
（西北大学校内　邮编：710069　电话：029-88305287　88303593）
http://nwupress.nwu.edu.cn　E-mail: xdpress@nwu.edu.cn

经	销	全国新华书店
印	装	陕西龙山海天艺术印务有限公司
开	本	787 毫米×1092 毫米　1/16
印	张	20
版	次	2022 年 6 月第 1 版
印	次	2022 年 6 月第 1 次印刷
字	数	250 千字
书	号	ISBN 978-7-5604-4875-6
定	价	98.00 元

如有印装质量问题，请拨打电话 029-88302966 予以调换。

《红色研学在陕西》编委会

总策划 万雪峰

主　任 李朋祥

副主任 靳军红　靳文忍

编　委 王文广　汤志奎　代俊民　刘培举
　　　　　尚建鹏　王建勋　杨　辉　骆　斌
　　　　　邓静怡　李　霞

主　编 王文广

前　言

2021年是中国共产党建党100周年。我们党的一百年，是矢志践行初心使命的一百年，是筚路蓝缕奠基立业的一百年，是创造辉煌开辟未来的一百年。在百年接续奋斗中，党团结带领人民开辟了伟大道路，建立了伟大功业，铸就了伟大精神，积累了宝贵经验，创造了中华民族发展史、人类社会进步史上令人刮目相看的奇迹。

陕西不仅有着悠久的历史、灿烂的文化，而且有着光荣的革命传统。五四以后，陕西有识之士开始宣传马克思主义，共进社和《共进》杂志就是其中的佼佼者。作为陕西革命的先驱，王尚德办学闹革命，为渭华起义培养了大量的革命骨干。第一次国共合作失败后，以李子洲、刘志丹、谢子长、习仲勋为代表的陕西共产党人，面对国民党的背叛和屠杀，毅然发动了清涧起义、渭华起义、旬邑起义、麟游起义、耀县起义、三原起义等一系列的"交农斗争"。随后他们开始了艰难曲折的创建陕甘苏区的斗争实践，星星之火在西北的黄土高原上渐成燎原之势。红军长征到达陕北，陕甘苏区成为土地革命时期硕果仅存的红色根据地，成了红军长征的落脚点和抗日救国的出发点。从此，共产党人在这里"安了家"，开始了中国共产党历史上的"延安时代"，由此铸就了共产党人永恒的延安精神。在西北苏区基础上建立和发展起来的陕甘宁边区，不仅成为中国共产党领导的首席抗日民主根据地，而且是延安时期中国共产党局部执政的试验区和"示范区"，为中华人民共和国的建立奠定了坚实的政治、经济、文化和干部基础。1949年5月20日西安解放，1949年10月1日中华人民共和国成立，从此，陕西的历史翻开了崭新的一页。

在中国共产党领导的革命和建设实践中，毛泽东思想形成了。在毛泽东思想指导下，中国共产党从延安走向全国，领导全国人民，找到了一条新民主主义革命的正确道路，推翻了压在中国人民头上的帝国主义、封建主义、官僚资本主义三座大山，建立了中华人民共和国。

毛泽东等老一辈无产阶级革命家，在延安倡导培育了延安精神，并依靠延安精神战胜了各种艰难险阻，取得了一个又一个的伟大胜利，延安精神成为中国共产党执政的力量源泉和传家宝。

党的历史是最生动、最有说服力的教科书。我们党历来重视党史学习教育，注重用党的奋斗历程和伟大成就鼓舞斗志、明确方向，用党的光荣传统和优良作风坚定信念、凝聚力量，用党的实践创造和历史经验启迪智慧、砥砺品格。

在庆祝中国共产党百年华诞的重大时刻，在"两个一百年"奋斗目标历史交汇的关键节点，回望过往的奋斗路，眺望前方的奋进路，我们必须把党的历史学习好、总结好，把党的成功经验传承好、发扬好。为响应党史教育，在中小学生中树立正确的党史观，培养爱国主义精神，编写适合于中小学生的陕西红色研学实践教育知识读本，正当其时，十分必要。

本读本在编写思路上，秉承"寓教于学、寓教于行、寓教于思"的研学理念。在编写要求上，力图丰富知识点、突出体验感、激发探究欲。在编写内容上，考虑到学生研学路线的便利性，读本分为上下两册：上册为陕北篇，以中国共产党的延安时代为主线，研学活动主要集中在陕北的革命旧址和红色遗迹；下册为关中篇和陕南篇，以早期共产党人在陕西的星火传播、西北革命根据地的建立，以及团结抗战为主线，研学活动主要集中在关中、陕南的革命旧址和红色遗迹。在编写形式上，该书以革命纪念地、人物、事件为载体，以其所承载的革命历史和革命精神为主线。每章由阅读部分、研学导案、活动记录等三个部分构成。阅读部分由"讲述、事件回放、人物档案、基地链接"板块构成，辅以老照片，做到图文并茂；研学导案按照"活动目标、课程链接、活动内容、拓展延伸"的流程编写，突出研学活动的具体目标、活动流程，以及需要学生掌握的知识要求；活动记录旨在让学生记录研学实践教育活动的全过程，通过记录完成知识储备，了解研学活动，完成合作探究，进行展示交流，总结心得体会，最后进行自我评价。

按照以上的整体构想和编写思路，经过精心打磨，这本《红色研学在陕西》中小学生研学实践教育手册终于和广大读者见面了。希望它的出版，能为青少年爱国主义教育、红色基因以及革命薪火相传贡献绵薄之力，也希望它能得到中小学生和家长朋友们以及广大旅游爱好者的喜爱。由于出版时间仓促，错误疏漏在所难免，衷心期望得到社会各界的热诚指正。

编者

2021 年 7 月

目 录

清涧起义 …………………………… 1

中央红军到延安 …………………… 16

奔向延安 …………………………… 33

团结抗战 …………………………… 46

豆选逸事 …………………………… 62

精兵简政 …………………………… 74

陕北的好江南 ……………………… 88

红歌嘹亮 …………………………… 103

延安精神 …………………………… 119

转战陕北 …………………………… 135

清涧起义

讲 述

　　1927年4月12日、7月15日，蒋介石、汪精卫相继发动反革命政变，大肆屠杀共产党人和进步人士，轰轰烈烈的大革命运动失败。但是，中国共产党人并没有被吓退，他们擦干了身上的血迹，掩埋好同伴的遗体，高举起革命的旗帜，又继续前进。从1927年8月到1927年11月，中国共产党在全国各地先后举行了南昌起义、秋收起义、广

清涧起义指挥部

州起义,反抗国民党反动派的屠杀政策。此后,陕西地区的共产党人也随即响应,先后在清涧、渭华、旬邑等地发动了武装起义,在陕西和陕西边界地区燃起了土地革命战争的熊熊烈火。

1927年10月12日,在中共陕西省委领导下,共产党员唐澍、李象九、谢子长、白乐亭等,以所掌握的陕北军阀井岳秀部第十一旅第三营为主力,联络其他几个连的千余名官兵在部队驻地清涧发动起义。起义部队在李象九、谢子长的带领下,转战延川、延长、宜川,队伍发展到1700余人,但起义部队遭到国民党军井岳秀部高双成师的围攻,南下转移到韩城。经过短期准备,以谢子长营为基础在韩城举行二次起义,成立西北工农革命军游击支队,总指挥为唐澍,副总指挥为谢子长,参谋长为阎揆要。起义军北上途中进攻宜川受挫,继续北撤到延安、延川、安定、安塞、保安一带,沿途屡遭国民党军袭击,损失惨重,遂分散隐蔽,等待时机。

清涧起义是共产党人在西北发动的第一次武装起义,打响了北方武装反抗国民党反动派的第一枪,对西北地区的革命运动产生了

清涧起义宣传画

深刻的影响。清涧起义虽然失败了，但是，它有力地动摇了井岳秀反动武装的基础，给国民党反动派以沉重的打击；它唤醒了受苦受难的劳苦群众，鼓舞了人民群众同反动势力进行斗争的勇气；它培养和锻炼了一批革命骨干，为以后的武装斗争积累了经验；它点燃了陕西武装斗争的烈火，开创了陕西武装斗争的历史。

事件回放

西北革命的播火者

陕西是中国共产党人开展革命活动较早的省份之一。早在1919年的五四运动中，就活跃着一批陕籍学生，如刘天章、魏野畴、李子洲、杨明轩、呼延震东、刘含初、郝梦九、张耀斗等人。这些进步学生受时代潮流影响，接受了马克思主义，他们中的多数后来都成为共产党人，是西北革命的播火者。李子洲是他们当中的一个杰出代表。

1923年初，经李大钊、刘天章介绍，李子洲加入中国共产党。1924年秋李子洲回到陕北，任绥德陕西省立第四师范学校校长，成立学生会，出版《陕北青年》杂志，引导大批青年走上革命道路。在李子洲等人的指导下，1924年底，绥德成立了陕北第一个社会主义青年团支部，第二年中国共产党支部也在这里诞生。随后，他相继指导并派人帮助在榆林、延安等地建立党团组织，选派刘志丹等一批党团员进黄埔军校学习军事政治，派党团员到陕北军阀部队中做兵运工作，发展百余名官兵加入了中共党团组织，为这支部队后来发动武装起义打下了组织基础。

1927年7月，中共中央决定撤销陕甘区委，成立陕西省委，李子洲当选为陕西省委常委兼组织部部长。不久，他受省委委派，前往武汉向党中央汇报请示工作，接受了张太雷代表党中央对陕西工作的指示。9月上旬回陕后，他向省委常委传达了八七会议精神和中共中央对陕西工作的指示。9月26日，李子洲和耿炳光主持召开省委第一次扩大会议，根据中央指示精神，选举产生了中共陕西省委领导成员，李子洲除继续担任省委常委兼组织部部长外，还负责军事工作。会后，李子洲和省委其他领导人一起积极筹划武装起义。1927年10月，中共陕西省委在清涧发动武装起义，打响了西北地区武装反抗国民党反动派的第一枪。1928年春，李子洲又参与渭华起义的准备，和省委秘书主任刘继曾共同起草了《中共陕西省委第五号通告》，相继派出刘志丹、唐澍、谢子长等去洛南县三要镇，到共产党员许权中担任旅长的军队工作，又从地方上抽调了一批党团员充实许旅的力量，并指示许旅利用国民党各派军阀混战之机，相继起义。1928年5月，刘志丹、唐澍、许权中率部开赴华县高塘镇，宣布成立西北工农革命军，与渭华地区的农民武装相结合，在渭华地区建立了一批区、乡苏维埃政权。

　　1928年11月，省委书记潘自力被捕，李子洲代理省委书记。他认真总结清涧起义和渭华起义失败的教训，重新部署全省的革命斗争。1929年初，由于叛徒出卖，省委机关遭到严重破坏，李子洲和其他负责人先后被捕。李子洲在入狱前就已积劳成疾，1929年6月18日，李子洲于狱中病逝。1944年2月，中共中央西北局和陕甘宁边区政府将1942年建立的绥西县改名为子洲县，以志纪念。

人物档案

谢子长

谢子长（1897—1935），原名世元，曾改名德元，号浩如，化名冬阳，陕西省安定县（今子长市）枣树坪村人。陕北红军和苏区创建人之一，中国工农红军杰出指挥员。

1922年考入阎锡山办的太原学兵团学军事。1924年回安定县办民团并任团总，同年赴天津、北京参加反帝斗争。1925年加入中国共产党。1927年10月，谢子长与唐澍等组织领导清涧起义，谢子长任西北工农革命军游击支队营长、副总指挥。1928年5月，谢子长参与领导渭华起义，任西北工农革命军军事委员会委员兼革命军第三大队大队长。后回到陕北任中共陕北特委军委委员、陕北行动委员会军事指挥部总指挥，在陕西、宁夏、甘肃等地做兵运工作。1931年10月，谢子长和刘志丹等人将南梁游击队和陕北游击支队合编为西北反帝同盟军，后改编为中国工农红军陕甘游击队，谢子长任总指挥，率部转战陕甘边，创建革命根据地。

1934年任陕北红军游击队总指挥部总指挥、红二十六军四十二师政治委员，1935年任中共西北工作委员会委员和西北革命军事委员会负责人，指挥部队粉碎了国民党军对陕北苏区的"围剿"。谢子长在长期征战中，多次负伤，于1935年2月21日逝世；同年，中共西北工作委员会决定将安定县改名为子长县；1946年，中共中央西北局和陕甘宁边区政府在瓦窑堡修建了子长烈士陵园，并举行了隆重的公葬仪式。

谢子长雕像

李子洲

李子洲（1892—1929），名登瀛，笔名逸民，陕西省绥德县人。中国共产党早期活动家、中国共产党的优秀党员、著名革命家、陕西革命的先驱。五四运动中，担任北京大学学生会干事，参与创办进步刊物《共进》，是《共进》杂志的主要撰稿人和发行人，也是共进社的主要领导人之一，被誉为"共进社的大脑"。曾任中共陕西省委常委、代理省委书记等职。1929年被敌人逮捕，病逝狱中。为纪念李子洲，1943年陕甘宁边区政府将绥西办事处更名为子洲县。

李子洲

基地链接

清涧县革命历史纪念馆

清涧是一块古老的土地，也是一块红色的土地。清涧人民为了发扬革命前辈的优良传统，启迪教育下一代，于1989年在榆林市清涧县城郊牛家湾村兴建了"清涧县革命烈士陵园"，后改名为"清涧县革命历史纪念馆"。该纪念馆占地面积3000平方米，主要建筑有仿古大门、凉亭、纪念馆、纪念碑等。走进陵园，首先映入眼帘的是纪念碑，它高20米，距大门19米，距后面的纪念馆27米，主要是为纪念1927年为清涧起义而献身的烈士们。纪念碑上刻的10个字"清涧革命烈士永垂不朽"，是1990年由王震同志题写的。底下刻有土地革

清涧烈士纪念碑

命、解放战争和抗日战争时期的 1643 名革命烈士的英名。陵园中南北走向的中轴线两侧有许多石碑,其中一些是革命烈士的纪念碑,另外一些石碑上刻有党和国家领导人为陵园撰写的题词。再往前走就是革命烈士纪念馆,它东西宽 19 米、南北长 47 米,主要是为了纪念 1947 年清涧全面解放而建立的。馆前特设 13 级台阶,象征党中央毛主席转战陕北 13 年。

子长烈士纪念馆

子长烈士纪念馆位于子长市瓦窑堡北面齐家湾坪上,是我国兴建较早的纪念馆之一。国务院 1989 年将其批准为全国革命烈士纪念建筑,1995 年被国家民政部、陕西省委确定为爱国主义教育基地。

纪念馆分墓区和纪念区两部分。墓区建有吊唁厅,东西两侧有走廊,厅内墓室安放着谢子长烈士的柏木棺材,正厅摆放着各级党政军领导人和社会各团体敬献的花圈和纪念物。

纪念馆主轴线上矗立着谢子长烈士的花岗岩雕像,总高 6 米。雕像前是革命烈士纪念塔,总高 9 米。塔身镌刻着民主革命时期壮烈牺牲的烈士的英名。两侧辅轴线上各建八角厅一座。亭内竖着党政军领导人题写的石碑 16 通。八角亭前是陈列室，陈列以谢子长革命活动为主线，以第一次和第二次国内革命战争为背景。

纪念馆自兴建以来，受到老一辈无产阶级革命家的重视。纪念馆以庄严肃穆的建筑、松柏葱郁的园林艺术和林立的石碑吸引着来自全国各地的谒陵群众和国际友人，成为"褒扬先烈，教育后人"的课堂。

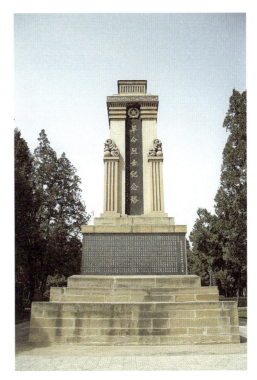

革命烈士纪念塔

李子洲故居

李子洲故居位于绥德县城兴隆巷口左侧，建于光绪年间，整体布局为传统的窑洞四合院式，坐北向南，内有正窑 3 孔、厢窑 6 孔、倒座窑 3 孔，占地 500 多平方米。1942 年，为纪念李子洲的革命功绩，在故居旁又建立子洲图书馆，图书馆馆名为毛泽东题写。

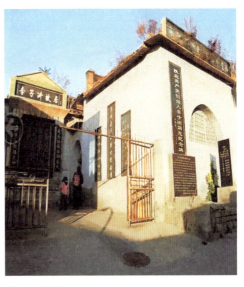

李子洲故居

研学活动导学案

一、活动目标

1. 了解清涧起义发生的历史背景、过程、结果以及历史意义。

2. 了解清涧起义的主要领导人及其事迹。

3. 了解陕北传统文化，体验相关美食的制作，学唱信天游。

4. 学习革命先烈为党的事业艰苦奋斗、无私奉献的革命精神。

5. 探究清涧起义失败的原因及启示，提高学生辩证思考问题的能力。

6. 通过系列活动，让学生懂得今天的幸福生活来之不易，增强其社会责任感和爱国情怀。

二、课程链接

部编版《道德与法治（五年级）》下册《不甘屈辱　奋勇抗争》

三、活动内容

1. 参观清涧革命纪念馆，聆听清涧起义发生的历史背景、过程及结果，在清涧烈士纪念碑前缅怀革命先烈。

2. 参观子长烈士纪念馆，了解革命烈士谢子长的事迹。

3. 参观李子洲故居，了解革命先烈工作、生活的环境，通过今昔对比，感受今天幸福生活的来之不易。

4. 学习清涧起义主要领导人或西北革命的播火者的英雄事迹，从中汲取力量，为实现中华民族伟大复兴的中国梦奋发图强。

5. 学做子长煎饼。学生在老师们的指导下，体验子长煎饼的制作过程，感受子长的美食文化。

6. 学唱陕北信天游，跟随陕北信天游老师一起，学习信天游的相关知识，学唱信天游。

四、拓展延伸

1. 阅读《谢子长传》（张化民著）。
2. 观看电影《清涧起义》。
3. 阅读《清涧飞雪》（李敬寅撰）。
4. 探究：清涧起义失败的原因以及对现在的我们有哪些启示？（提示：查阅相关文史资料，用翔实的材料论证说明。）

活动记录

研学主题	
研学方式	
知识积累	1. _____年_____月_____日，在中共陕西省委领导下，共产党员_____、_____、_____、_____等，以所掌握的陕北军阀井岳秀部第十一旅第三营为主力，联络其他几个连的千余官兵在部队驻地清涧发动起义。 2. 清涧起义是共产党人在西北发动的_____，打响了_____第一枪，对西北地区的革命运动产生了深刻的影响。
主要活动	

合作探究

探究：

1. 根据历史事件阐述清涧起义的历史意义。

2. 选择清涧起义中的一位英雄人物，从他的事迹中探究他的精神品质。

（提示：以上两个问题可选择一题进行探究，也可两题都探究。先自主探究思考，然后小组进行交流，相互补充，记录要点。）

探究方法

要点记录

展示交流	选题一：小组用多媒体分享所拍照片，并选择10张照片进行具体介绍。要求声音洪亮，条理清楚，落落大方，尽量脱稿。 选题二：小组代表上台交流合作探究中的一个问题，也可以交流自己小组感兴趣的问题。其他小组可提问、补充、质疑、建议。 选题三：小组用自己喜欢的方式（可以是诵读、主题演讲、讲革命故事等）分享研学收获。要求各小组全员参与，从不同角度创造性地分享研学收获。 （提示：以上几种展示交流的方式，各小组可任选一种。） 我们组展示交流的内容 我们的创意

心得体会	
活动评价	1. 小组内评价：小组成员对研学活动中各个同学的表现进行评价。大家对我的评价 _____ _____ _____ _____ 2. 自我评价：根据下面的六项内容，回顾研学过程中自己的表现，按照优秀（五颗星）、良好（四颗星）、一般（三颗星）、有较大提升的空间（一至两颗星）的标准进行自我评价。 团结协作 _____ 创新精神 _____ 自理能力 _____ 沟通分享 _____ 出行纪律 _____ 实践能力 _____

中央红军到延安

讲 述

在中国革命的历史上,红军长征被誉为史诗般的战略转移。从1935年10月到1936年10月,中国工农红军第一、二、四方面军和红二十五军经历了艰苦跋涉,落脚西北革命根据地,完成了伟大的长征。从此,中国共产党人和红军有了一个"新家",中国革命有了一个新的战略基地。

瓦窑堡革命旧址　毛泽东旧居

1935年9月下旬，在"左"倾路线的指导下，西北根据地发生了严重的错误肃反。中共中央到达陕北后，毛泽东立即下令解救出了刘志丹、高岗、习仲勋等大批被错误逮捕的干部，及时纠正了肃反错误。刘志丹出狱后，周恩来和毛泽东先后接见了他。周恩来见到刘志丹时第一句话就说："你受苦了，我们感谢你创建了这块根据地，使中央有了落脚地。"刘志丹心情激动地说："感谢中央救了我们。"随后，周恩来带着刘志丹来到毛泽东的住处。毛泽东亲切地安慰刘志丹："你和陕北的同志受委屈了，但对一个革命者来说，坐牢也是一种考验。"毛泽东接着说："陕北这个地方，在历史上是有革命传统的，李自成、张献忠就是从这里闹起革命的。这地方虽穷，但穷则思变，穷就要闹革命嘛！这里群众基础好、地理条件好，搞革命是个好地方！"刘志丹听了欣喜万分，代表全体获释干部感谢中共中央的英明处理，他激动地说："是党中央和毛主席挽救了陕北和我们。中央来了，今后的事情就好办了。"

曾经有一首陕北民歌《山丹丹开花红艳艳》就反映了当年的历史，歌中唱道："咱们中央红军到陕北……满天的乌云风吹散，毛主席来了晴了天。"这首歌至今仍家喻户晓，久唱不衰。

1935年，日本已占领东三省四年了，并在积极策动华北五省"自治"。蒋介石顽固地坚持"攘外必先安内"政策，为把主要军力用于"围剿"红军，与日本签订了丧权辱国的《秦土协定》《何梅协定》，华北五省名存实亡，中华民族到了最危急的时候。1935年11月28日，中华苏维埃共和国中央临时政府和中国工农红军革命军事委员会发表了《抗日救国宣言》。12月9日，北平学生游行示威，呼吁"停止内战，一致抗日"，全国抗日救亡运动进入高潮。12月下旬，中共中央政治局扩大会议在陕北瓦窑堡召开。会议分析了华北事变后国内阶级关

瓦窑堡会议旧址

系的新变化,讨论了关于建立抗日民族统一战线、建立抗日联军和国防政府等问题,批判了党内长期存在着的认为不可能争取民族资产阶级与中国工人、农民联合抗日的"左"倾关门主义的观点,制定了建立抗日民族统一战线的策略。会议通过了《中央关于军事战略问题的决议》《中央关于目前政治形势与党的任务的决议》等决议案。会议的决议和毛泽东的报告圆满地解决了党的政治路线问题。

针对当时围攻陕北的主要是张学良的东北军和杨虎城的十七路军的情况,中共中央曾多次写信给张学良、杨虎城,提出西北大联合的主张,并得到张学良、杨虎城的赞同,初步建立了红军、东北军、十七路军"三位一体"的联合战线,逼蒋抗日,有力地推动了全国统一战线的形成,"建立抗日民族统一战线"成为全中国人民的呼声。

事件回放

延安——各路红军长征的落脚点

1934年10月，中共中央率中国工农红军第一方面军从江西瑞金出发，开始了伟大的战略转移。红军历经湘江之战、四渡赤水、飞夺泸定桥、翻越夹金山、突破腊子口等艰难险阻，于1935年9月18日到达甘肃岷县以南的哈达铺（今属甘肃宕昌县）。在这里，红军根据近期的《大公报》《西京日报》《晋阳日报》等报纸，获悉西北红军和西北根据地的信息，毛泽东果断地提出：到陕北去！9月20日，中共中央在哈达铺召开中央负责人会议，决定红军北上，部队正式改编为中国工农红军陕甘支队（简称"陕甘支队"），彭德怀任司令员，毛泽东兼任政治委员，下设三个纵队，全支队共7000余人。9月22日，毛泽东在陕甘支队团以上干部会议上做了关于形势和任务的政治报告，进一步提出：陕甘支队前进的目标是陕北，那里有刘志丹的红军，还有根据地！我们要抗日，首先要到陕北去！毛泽东号召红军指战员：胜利前进吧！到陕北只有七八百里了，那里就是我们的目的地，就是我们的抗日前进阵地！

老报纸：《晋阳日报》

1935 年 10 月，红军到达陕北吴起镇

　　1935 年 9 月 27 日，陕甘支队到达甘肃通渭县榜罗镇，当晚在这里召开中央政治局常委会议，根据新了解的情况，决定将中共中央和红军的落脚点放在陕北，以陕北作为领导中国革命的大本营；保卫和扩大苏区，以陕北苏区来领导全国革命。10 月 10 日，陕甘支队主力翻越六盘山，抵达镇原县的三岔镇。10 月 17 日，陕甘支队从定边县的五股掌、铁角城分两路入陕。10 月 19 日，陕甘支队抵达保安县吴起镇（今吴起县），进入西北革命根据地。中国工农红军陕甘支队刚进入西北苏区，宁夏军阀马鸿宾、马鸿逵的骑兵和东北军白凤翔部的骑兵即尾随而来，对红军形成夹击之势。10 月 21 日，陕甘支队在彭德怀的指挥下，于吴起镇西山设伏，全歼国民党军第三十五师骑兵团，击溃第三十二师和三十六师两个骑兵团，即著名的"切尾巴"战斗。毛泽东高兴地说："步兵打骑兵，这是个创举啊！"毛泽东还写下热情洋溢的诗

句赞扬彭德怀,诗曰:"山高路远坑深,大军纵横驰奔。谁敢横刀立马,唯我彭大将军。"彭德怀看到后,将诗的最后一句改为了"唯我英勇红军"。此时,国民党东北军第五十七军四个师,由甘肃庆阳、合水沿葫芦河向陕北富县进犯,东北军王以哲部六十七军一个师沿洛川、富县打道北上,企图乘中央红军立足未稳,将红军聚

长征到达陕北后的毛泽东、朱德、周恩来、博古（自右向左）

歼在洛河以西、葫芦河以北地区。11月初,红军陕甘支队与红十五军团在甘泉下寺湾地区会师。11月5日,毛泽东、周恩来、彭德怀在甘泉县下寺湾召开军团以上干部会议,决定在富县直罗镇采用包围战歼灭追踪之敌。11月23日下午,红军在张家湾地区歼其一个团。与此同时,东北军一〇九师师长牛元峰部也被红军全歼。直罗镇战役的胜利,彻底打破了国民党军对西北根据地的第三次"围剿"。毛泽东称这次战役的胜利"使刚刚会合的南、北、中三支红军,得到进一步的团结",为中共中央把全国革命的大本营放在西北举行了奠基礼。

人物档案

刘志丹

刘志丹

刘志丹（1903—1936），名景桂，字子丹、志丹，陕西省保安县（今志丹县）人。忠诚的共产主义战士，杰出的无产阶级革命家、军事家。1928年4月，领导渭华起义，任西北工农革命军军事委员会主席。后在陕甘边开展兵运工作。1931年10月，刘志丹和谢子长、阎红彦等组建西北反帝同盟军，后改编为中国工农红军陕甘边游击队，刘志丹任总指挥。他是陕甘边革命根据地、西北革命根据地的主要创建者。他把陕北、陕甘边两块苏区统一为西北革命根据地，使之成为中共中央和各路红军长征的落脚点。1936年4月在东征中牺牲。他被毛泽东誉为"群众领袖，民族英雄"。被周恩来称赞："上下五千年，英雄万万千，人民的英雄，要数刘志丹。"

彭德怀

彭德怀（1898—1974），原名得华，号石穿，湖南省湘潭县彭家围子人。无产阶级革命家、军事家、政治家，中国人民解放军的创建人和领导人之一。授中华人民共和国元帅军衔，荣获一级八一勋章、一级独立自由勋章、一级解放勋章。

彭德怀

指挥了抗美援朝战争,获朝鲜民主主义人民共和国授予的"朝鲜人民共和国英雄"称号。

基地链接

吴起革命纪念馆

吴起革命纪念馆位于延安市吴起县内。1935年10月19日,中共中央率领中央红军经过二万五千里长征到达陕北吴起镇与陕北红军胜利会师,进入西北苏区,22日中央政治局在此召开扩大会议,做出了"以陕北苏区领导全国革命"的战略决策。

吴起革命旧址包括毛泽东旧居、张闻天旧居等。旧居位于吴起镇砚洼山麓,分为南北两院。南院为毛泽东旧居,5孔土窑洞列成排。9

吴起革命纪念馆

孔接石口土窑洞和1排4孔石窑洞，共13孔。两院之间，有石砌过洞相连。为纪念吴起镇"切尾巴"战斗的胜利，平台山改称胜利山。山东麓建有革命烈士陵园和烈士纪念塔各一座。中华人民共和国成立后，1966年和1985年人民政府对旧址进行大规模维修，2006年5月25日，这里被国务院公布为第六批全国重点文物保护单位。

刘志丹烈士陵园

刘志丹烈士陵园位于陕西省延安市志丹县城北的炮楼山和瓦窑山之间的山坡上，是党中央和全国人民为了纪念中国共产党的优秀党员，坚定不移的无产阶级革命家，具有卓越才能的军事家，西北红军、陕甘宁革命根据地最早创始人之一的刘志丹将军而筹资兴建的纪念性建筑物。现为全国重点烈士纪念建筑物保护单位。

刘志丹纪念馆广场上竖立着的刘志丹雕像

刘志丹烈士陵园坐北朝南，面积为 3.3 万平方米。整个陵园建筑富有民族特色，庄严肃穆。园内宽大的纪念亭中央矗立的石碑上刻着毛泽东原话："到陕北只和刘志丹同志见过一面，就知道他是一个很好的共产党员。他的英勇牺牲出于意外，但他的忠心耿耿为党为国的精神，永远留在党和人民中间，不会磨灭的。"小亭四周分布着党政军领导人的题词碑，计50通。毛泽东题词："群众领袖、民族英雄。"周恩来题词："上下五千年，英雄万万千，人民的英雄，要数刘志丹。"江泽民题词："学习刘志丹同志的革命精神，建设有中国特色的社会主义。"园内还有造型独特的地球碑一通，上刻陕甘宁边区图示，并镌刻"陕甘宁边区的创造者"几个大字。

瓦窑堡革命旧址

瓦窑堡革命旧址位于陕西子长县（瓦窑堡）城内下河滩小东门。1935年12月17日至25日，中共中央政治局扩大会议在这里举行，确立了抗日民族统一战线的策略。

瓦窑堡革命旧址是位于城内中山街南侧下河滩田家院落中的一座。瓦窑堡革命旧址现存20余孔砖砌窑洞，包括瓦窑堡会议旧址、西北革命军事委员会旧址、中国人民抗日军事政治

瓦窑堡革命旧址

大学旧址及毛泽东、张闻天、周恩来、刘少奇旧居等。院内是一排面向东南的砖窑洞，共有 5 孔，第二孔是毛泽东在会议期间的住宅，第三孔是瓦窑堡会议的会议室。

永坪会师纪念馆

永坪会师纪念馆位于陕西省延安市延川县永坪镇最繁华的十字路口，由广场雕塑和纪念馆两部分构成，主要展示红二十五军长征，以及与红二十六军、红二十七军会师的情况。永坪会师雕像前，在工农红军旗帜的照耀下，徐海东和刘志丹紧紧握住了双手，身后的战士们喜笑颜开，热情相拥。

永坪会师雕塑

研学活动导学案

一、活动目标

1. 了解红军部队先后到延安的历史背景和过程。

2. 了解中华人民共和国元帅彭德怀的事迹。

3. 了解英雄人物刘志丹的事迹。

4. 学习陕北民歌,培养爱国爱党的精神。

5. 通过系列研学活动,感受革命先辈在恶劣的环境中为党和人民的事业鞠躬尽瘁的革命精神,进一步提高学生的思想认识,坚定学生的理想信念。

二、课程链接

1. 部编版《语文(九年级)》上册《沁园春·雪》

2. 部编版《中国历史(八年级)》上册《中国工农红军长征》

三、活动内容

1. 参观吴起革命纪念馆，参观革命先辈曾经战斗过的地方。

2. 前往刘志丹烈士陵园敬献花篮，缅怀英雄，学习英雄的革命精神。

3. 参观瓦窑堡革命旧址，探寻革命先烈的奋斗足迹。

4. 参观永坪会师纪念馆，了解当年红军会师的情况，感受红军精神。

5. 学唱陕北民歌《山丹丹开花红艳艳》，了解当年中央红军到陕北时人民的心情。

6. 搜集当年中央红军到陕北后发生的小故事，讲给同学们听。

四、拓展延伸

1. 阅读《刘志丹的故事》（马骆编著）和《彭德怀全传》（彭德怀传记组编）。

2. 观看纪录片《红军长征胜利到达陕北》。

3. 欣赏美术作品《长征》（沈尧伊绘）。

4. 探究：彭德怀是无产阶级革命家、军事家、政治家，了解他的革命事迹和革命精神，并与同学分享。（提示：查阅相关文史资料，用翔实的材料论证说明。）

活动记录

研学主题	
研学方式	
知识积累	1. _____年_____月，中共中央率中国工农红军第一方面军从江西瑞金出发，开始了伟大的战略转移。红军历经湘江之战、_____、飞夺泸定桥、_____、突破腊子口等艰难险阻，于1935年9月18日到达甘肃岷县以南的哈达铺。红军根据近期的相关报纸，获悉西北红军和西北根据地的信息，毛泽东果断地提出：_____！ 2. 刘志丹是忠诚的共产主义战士，他和谢子长、习仲勋等创建的西北革命根据地，成为中共中央和各路红军长征的落脚点。他被毛主席誉为"_____"。被周恩来称赞："_____。"

主要活动	
合作探究	探究：中央红军当年为什么选择到延安？根据延安当年的地理条件和群众基础等进行论述。（提示：先自主探究思考，然后小组进行交流，相互补充，记录要点。） 探究方法 要点记录

展示交流

选题一：小组用多媒体分享所拍照片，并选择10张照片进行具体介绍。要求声音洪亮，条理清楚，落落大方，尽量脱稿。

选题二：小组代表上台交流合作探究中的一个问题，也可以交流自己小组感兴趣的问题。其他小组可提问、补充、质疑、建议。

选题三：小组用自己喜欢的方式（可以是诵读、主题演讲、讲革命故事等）分享研学的收获。要求各小组全员参与，从不同角度创造性地分享研学收获。

（提示：以上几种展示交流的方式，各小组可任选一种。）

我们组展示交流的内容

我们的创意

心得体会	
活动评价	1. 小组内评价：小组成员对研学活动中各个同学的表现进行评价。大家对我的评价_____ _____ _____ _____ _____ 2. 自我评价：根据下面的六项内容，回顾研学过程中自己的表现，按照优秀（五颗星）、良好（四颗星）、一般（三颗星）、有较大提升的空间（一至两颗星）的标准进行自我评价。 团结协作_____　　创新精神_____ 自理能力_____　　沟通分享_____ 出行纪律_____　　实践能力_____

奔向延安

讲 述

"到延安去!"在烽火连天的抗战岁月里,出现了知识分子竞相奔赴延安的潮流。这一潮流以"卢沟桥事变"为起点,在1938年至1939年间达到高潮,最多的时候,一天有1000多人到达延安。一时间,延安成了有志于抗日救国的热血青年心目中的圣地。

爱国青年纷纷奔向延安

奔赴延安的知识分子中,有知名度很高的文化人,但更多的是爱国青年学生。一大批热血青年抱着抗日救国的革命理想与信念,突破日军和国民党的重重封锁,纷纷奔向他们魂牵梦萦的革命圣地——延安。

诗人艾青、严辰,小说家罗烽、逯斐,画家张仃,一个月冲破几十道关卡,结伴化装来到延安;冼星海,这个广东渔民的苦孩子,来到了这个"有着无限的希望和光明"的地方;延安唯一的文学博士陈学昭也来了;画家蔡若虹,绕道香港、河内、昆明,费时七个月才到达理想之地延安;文坛名将茅盾携妻带子也来到了延安;不朽的抗战歌曲《游击队歌》的作者贺绿汀也来到了延安。甚至国民党军政要员的子弟、张学良的弟弟张学思、杨虎城的儿子杨拯民、赵寿山的儿子赵元介,也都来了。

革命青年在八路军西安办事处准备转赴延安

1937年，丁玲在《七月的延安》中写道："这是乐园。我们才到这里半年，说不上伟大建设，但街衢清洁，植满槐桑；没有乞丐，也没有卖笑的女郎；不见烟馆，找不到赌场。百事乐业，耕者有田。"1938年1月，邹韬奋在上海创办的《抗战》连载了舒湮的《陕甘宁边区实录》，对陕甘宁边区的政治、经济、文化、教育、司法制度，以及民众运动等方面情况做了系统报道。很多青年又从《外国记者西北印象记》《西行漫记》等书中了解了延安。延安自由、平等、民主的宽松氛围，与国统区、沦陷区形成鲜明的对比。"来则欢迎，去则欢送，再来再欢迎"。"来去自由"的政策像夜空的明灯，照亮了青年们前进的方向，让青年们感受到延安才是中国的希望所在。

延安，就像一颗光芒四射的红星，吸引着国统区和沦陷区的广大爱国青年。他们中有的身着西服，有的穿着旗袍、高跟鞋，三三两两，背着行李，拎着小包，日夜不停地奔向延安。从西安到延安的路上，人流不断，形成了极其壮观的人潮。徒步去延安，本身对于青年学生就是不小的考验。虽然当时抗大首期学员名额已满，但还是全数收录了这批热血青年。

事件回放

各路英才齐聚首

全面抗战开始后，中共中央所在地延安成了革命者向往的"圣地"。大批知识青年冲破国民党的封锁奔赴延安。

这座原本仅有3000人的陕北小城，集合起一群中华民族的优秀儿女。他们脱下高跟鞋，换上草鞋，脱下西装，换上军装，住窑洞、睡

毛泽东给抗大学员讲课

禾草，但却朝气蓬勃，精神奋发，在这座革命的大熔炉里，谱写出一曲曲高亢激昂的青春之歌。民族解放和人民革命事业需要大量的干部，政治斗争的胜负在相当程度上取决于对精英人才的争夺。尤其是中共在土地革命战争中遭受挫折，长征结束时仅保留下来大约两万名干部，在这种局面下，知识人才愈发显得珍贵。正是这些源源不断地奔向延安的青年知识分子，为中国共产党提供了干部来源。抗战期间，中共在延安创办了中国人民抗日军事政治大学、陕北公学、中共中央党校、马列学院、鲁迅艺术学院等20多所革命干部学校。1940年9月创办的延安自然科学院，是中国共产党历史上第一个开展自然科学教学与研究的专门机构。这些学校与机构培养了大批政治、军事、文化和技术干部，其中许多人后来成为治党、治国、治军的英才。在黄河之滨、延河之畔集合起来的这批中华民族的优秀儿女，成为抗日战争和人民革命的中流砥柱。

中国人民抗日军事政治大学，是在原红军大学基础上形成的。西安事变和平解决后，红军大学随中共中央机关于1937年1月由瓦窑堡迁至延安，改称中国人民抗日军事政治大学，简称"抗大"。在红都延安的各类学校中，抗大无疑是最有特色也最具影响力的学校。首任校长林彪，教育长罗瑞卿。1938年毛泽东为抗大题词："坚定正确的政治方向，艰苦朴素的工作作风，灵活机动的战略战术。"这一题词，成为抗大的教育方针。随后，毛泽东又提出"团结、紧张、严肃、活泼"八个字为抗大的校训。这三句话、八个字，从此就成了中共领导的人民军队的"三八作风"，影响深远，直至今日。抗大也就是这样在毛泽东和中共中央的关怀下，发展成为举世闻名的军政学校，成为举国瞩目的"中华民族优秀儿女荟萃之地"。抗大举办的8期学员班和12个分校，共为抗战培养了20万名军事、政治干部。这批干部像种子一样

1939年,毛泽东在抗大成立三周年纪念大会上讲话

在各地生根发芽。1937年8月,红军改编时只有4.6万余人,到1945年8月,八路军、新四军发展到了120万人。1955年,被共和国授予军衔的10名元帅、10名大将、57名上将中,就有7名元帅、8名大将、26名上将是在抗大工作、学习过的干部和学员。抗大,这所被毛泽东盛赞为"全国闻名、全世界闻名"的军政干部学校,在中国革命历史上的重要作用和贡献,从这些数字中可以窥见一斑。抗大,是历史上当之无愧的最有成效的学校。

人物档案

丁玲

丁玲(1904—1986),原名蒋伟,字冰之。1936年11月,丁玲到达陕北保安。丁玲的到来,给陕甘宁抗日根据地原本力量薄弱的文艺运动增添了新鲜的血液。"昨日文小姐,今日武将军",毛泽东曾这样高度评价她。全面抗战爆发后,丁玲为了扩大抗日

丁玲

宣传，筹划组织了以抗大文艺青年为骨干的综合性文艺团体——西北战地服务团。丁玲带领西战团奔赴潼关、西安等地，进行宣传演出和慰问活动，鼓舞抗战。

丁玲的代表著作有小说《梦珂》，长篇小说《太阳照在桑干河上》《莎菲女士的日记》，短篇小说集《在黑暗中》等。

基地链接

中国人民抗日军事政治大学纪念馆

中国人民抗日军事政治大学纪念馆，简称抗大纪念馆，位于延安市北二道街原抗大旧址，是为纪念中国人民抗日军事政治大学的历史功绩而建的一个专题性纪念馆。原址建筑物已在胡宗南军队占领延安时被毁坏，1964 年在原址上修建了抗大校史陈列室。抗大纪念馆用 100 多件文物和 400 多幅历史照片，全面展示了抗大的历史风貌，生动形象地再现了抗大可歌可泣的战斗历程和辉煌业绩。抗大现已成为国防大学延安教育基地，是延安三大教育基地的重要组成部分。

中国人民抗日军事政治大学纪念馆

研学活动导学案

一、活动目标

1. 了解全民族抗战开始后大批知识青年奔赴延安的时代背景及过程。

2. 了解奔赴延安知名度很高的知识分子及其为抗战所做的贡献。

3. 探究大批知识青年奔赴延安的深层原因,从中受到鼓舞,树立正确的人生观、价值观、世界观。

4. 通过系列研学活动,感受延安精神,继承和发扬延安精神。

二、课程链接

1. 部编版《语文(四年级)》上册《延安,我把你追寻》

2. 部编版《语文(八年级)》下册《回延安》

三、活动内容

1. 参观中国人民抗日军事政治大学纪念馆，了解它的历史风貌，感受它的战斗历程和辉煌业绩。

2. 诗歌朗诵表演《延安，我把你追寻》，各小组进行创意编排，在全班展示。

3. 举行《奔向延安》主题演讲会，选择大批知识分子奔向延安的典型故事，结合自己的亲身体会进行演讲，号召全体同学从中汲取力量，奋发图强，为实现中华民族伟大复兴的中国梦而努力学习。

4. 《到延安去》歌唱比赛，各小组先自行排练，然后向全班展示。

四、拓展延伸

1. 阅读《梦珂》《太阳照在桑干河上》《在黑暗中》（丁玲著）。

2. 观看电视剧《奔向延安》相关片段。

3. 阅读《走进延安》（黄晓非著）。

4. 探究：中国人民抗日军事政治大学在抗战时期的主要贡献。（提示：查阅相关文史资料，用翔实的材料论证说明。）

活动记录

研学主题	
研学方式	
知识积累	1. 全面抗战开始后,中共中央所在地延安成了革命者向往的"＿＿＿＿"。大批知识青年冲破国民党的封锁奔赴延安。他们脱下高跟鞋,＿＿＿＿,脱下西装,＿＿＿＿,住窑洞、睡禾草,但却＿＿＿＿,＿＿＿＿,在这座革命的大熔炉里,谱写出一曲曲高亢激昂的青春之歌。 2. ＿＿＿＿＿＿＿,简称"抗大"。在红都延安的各类学校中,抗大无疑是最有特色也最具影响力的学校。1938年毛泽东为抗大题词:"＿＿＿＿,＿＿＿＿,＿＿＿＿。"这一题词,成为抗大的教育方针。随后,毛泽东又提出"＿＿＿＿＿＿"八个字为抗大的校训。这三句话、八个字,从此就成了中共领导的人民军队的"三八作风",影响深远,直至今日。

主要活动	
合作探究	探究：全民族抗战开始后，大批知识青年为什么从全国各地纷纷奔向延安？（提示：先自主探究思考，然后小组进行交流，相互补充，记录要点。） 探究方法 要点记录

| 展示交流 | 选题一：小组用多媒体分享所拍照片，并选择10张照片进行具体介绍。要求声音洪亮，条理清楚，落落大方，尽量脱稿。

选题二：小组代表上台交流合作探究中的一个问题，也可以交流自己小组感兴趣的问题。其他小组可提问、补充、质疑、建议。

选题三：小组用自己喜欢的方式（可以是诵读、主题演讲、讲革命故事等）分享研学的收获。要求各小组全员参与，从不同角度创造性地分享研学收获。

（提示：以上几种展示交流的方式，各小组可任选一种。）

我们组展示交流的内容 _____
_____
_____

我们的创意 _____
_____
_____
_____
_____
_____
_____

心得体会	
活动评价	1. 小组内评价：小组成员对研学活动中各个同学的表现进行评价。大家对我的评价 _____ _____ _____ _____ 2. 自我评价：根据下面的六项内容，回顾研学过程中自己的表现，按照优秀（五颗星）、良好（四颗星）、一般（三颗星）、有较大提升的空间（一至两颗星）的标准进行自我评价。 团结协作 _____　　创新精神 _____ 自理能力 _____　　沟通分享 _____ 出行纪律 _____　　实践能力 _____

团结抗战

> 讲 述

  1937年7月,日本侵略军发动卢沟桥事变,标志着抗日战争全面爆发。面对新的形势,中国共产党如何发动民众参加抗日战争、如何处理和国民党的关系,成为亟待解决的重大问题。1937年8月22日至25日,中共中央在陕北洛川县冯家村举行中央政治局扩大会议,史称洛川会议。出席会议的中共中央政治局委员和候补委员有张闻天、毛

洛川会议旧址

泽东、朱德、周恩来、博古、任弼时等22人。会议通过了《关于目前形势与党的任务的决定》，还根据毛泽东的提议，通过了《抗日救国十大纲领》：一、打倒日本帝国主义；二、全国军事的总动员；三、全国人民的总动员；四、改革政治机构；五、抗日的外交政策；六、战时的财政经济政策；七、改良人民生活；八、抗日的教育政策；九、肃清汉奸卖国贼亲日派，巩固后方；十、抗日的民族团结。

1937年8月22日，根据国共两党谈判达成的协议，国民政府军事委员会宣布，在陕甘宁地区的红军主力部队改编为国民革命军第八路军，辖第一一五、第一二〇、第一二九师。8月25日，中共中央革命军事委员会发布改编命令，将红军前敌总指挥部改编为第八路军总指挥部，以朱德为总指挥，彭德怀为副总指挥，叶剑英任参谋长，任弼

百团大战中的彭德怀

时任政治部主任。下辖第一一五师，林彪任师长；第一二〇师，贺龙任师长；第一二九师，刘伯承任师长。中国工农红军改编为国民革命军，在红军将士中引起很大震动，许多干部、战士对"红军改名""穿国民党军服""戴国民党帽徽"不理解，说道："过去我们戴着红帽徽为穷人闹翻身，国民党军队打了我们多少年。如今却要摘下红五星，换上他们的帽徽，想不通。"9月6日，在陕西泾阳石桥镇举行的抗日誓师大会上，八路军第一二九师师长刘伯承将头上的红军帽摘下来，抚摸着红五星，说道："不管戴什么帽子，不管穿什么衣服，我们的心永远是鲜红的。同志们，我们永远是共产党领导的人民军队。我们现在穿的是当年大革命时期北伐军穿的衣服，戴的是当年北伐军的帽徽。我们要保持红军的本质，也要发扬北伐军的革命精神，而且要比北伐军更好。同志们，为了救中国，暂时和红军帽告别吧！"说罢便将缀有国民党党徽的军帽迅速戴在头上，然后发出命令："我宣布，换帽子！"随着刘伯承一声令下，全师指战员一起戴上了准备好的灰色军帽。换完军帽，刘伯承带领全师13000名官兵宣誓："为了民族解放，为了国家富强，为了同胞幸福，为了子孙后代，我们一定要抗战到底，把侵略者赶出去！"

红军改编完成后，八路军第一一五师主力一部于1937年8月22日由陕西三原出征，第一二〇师主力于9月3日由陕西富平庄里镇出征，第一二九师和八路军总部分别于8月30日、9月6日由陕西泾阳出征，开赴华北抗日前线。八路军所到之地，沿途群众奔走相告，犹如欢庆盛大节日，杀猪宰羊，箪食壶浆，慰问子弟兵。有的地方的群众搭起彩楼，敲锣打鼓，鸣放鞭炮，夹道欢迎。在黄河渡口的韩城芝川镇，由工商界和文化教育界名流参加的韩城各界欢送八路军筹备委员会，在黄河渡口筹集了百余艘渡船，调集了数百名船夫，在群众的大力协助下，数千名八路军将士顺利渡过黄河，沿同蒲线北上，对日作战。

1937年的9月中下旬，正当八路军出师华北之时，日军沿津浦铁路、平汉铁路南下，分别占领河北沧州、保定等地。沿平绥铁路推进的日军进入山西北部，占领天镇、广灵、大同，晋绥军纷纷向雁门关方向撤退。进驻五台山的八路军总部指示：第一二〇师从西面驰援雁门关；第一一五师从东面配合友军作战，对从灵丘增援平型关之敌实施攻击；与此同时，第一二九师开赴正太铁路南侧，阻击日军。9月22日，日军第五师团一部首先从灵丘向平型关方向进犯，9月23日和24日在平型关正面及团城口与中国守军发生激战。9月24日，八路军第一一五师冒雨由冉庄向平型关东北的白崖台前进，在小寨村至老爷庙公路附近山地设伏，待机歼敌。9月25日晨，日军第五师团第二十一旅团一部进入伏击区，八路军利用居高临下的有利地形，充分发挥近战和山地战的特长，对陷入混乱的日军实行分割、包围，与敌进行白刃格斗，歼敌1000余人，击毁日军汽车100余辆，缴获一批辎重和武器。平型关战役是华北战场上中国军队主动寻歼敌人的第一个大胜仗，也是八路军开赴抗日前线后首战告捷，极大地振奋了全国军民的胜利信心，提高了共产党和八路军的威望。10月18日，八路军第一二〇师进抵雁门关以南地区，占领雁门关。

事件回放

中共六届六中全会的召开

抗战初期，国共两党之间关于抗战路线的斗争，反映到中国共产

中国共产党六届六中全会，党的主要负责人合影

六届六中全会与会人员合影

党的内部，主要是党的正确路线同王明为代表的右倾错误的斗争。为了克服王明右倾错误在党内的影响，迫切需要召开一次党的会议。

1938年9月29日至11月6日，党的扩大的六届六中全会在延安举行。毛泽东代表党中央做《论新阶段》的政治报告，这是会议的中心议题。毛泽东指出，中国抗日战争将进入一个新阶段。"抗日战争发展的新阶段同时即是抗日民族统一战线发展的新阶段。"为了使全党切实担当起历史重任，毛泽东号召共产党员要在民族解放战争中起模范作用，因为只有实事求是，才能完成确定的任务。

11月5日和6日，毛泽东做会议总结，着重讲了统一战线及战争和战略问题。他批评王明"一切经过统一战线"的口号，是"自己把自己的手脚束缚起来，是完全不应该的"。他论述了民族斗争和阶级斗争的一致性，强调"我们的方针是统一战线中的独立自主，既统一，又独立"。

许多同志围绕毛泽东的报告和总结抗战以来的经验做了发言。毛泽东从抗战以来一直坚持的正确主张，在全会上得到了绝大多数同志的理解和拥护。

党的扩大的六届六中全会是一次具有重大历史意义的会议。它正确地分析了抗日战争的形势，规定了党在抗战新阶段的任务，为实现党对抗日战争的领导进行了全面的战略规划。它基本上纠正了王明的右倾错误，进一步巩固了毛泽东在全党的领导地位，统一了全党的思想和步调，推动了各项工作的迅速发展。后来毛泽东在党的七大上说："六中全会是决定中国之命运的。"

人物档案

赵寿山

赵寿山

赵寿山（1894—1965），原名生龄，字杜亭，陕西省户县（今西安市鄠邑区）人。十七路军重要爱国将领，曾任三十八军军长。抗战期间，驻守中条山两年半之久，日军称中条山是他们侵华的"盲肠"，第二战区司令长官卫立煌称三十八军为中条山的"铁柱子"。后加入中国共产党，解放战争期间，先后任西北野战军、第一野战军副司令员等职，协助彭德怀解放大西北。中华人民共和国成立后，曾任陕西省省长等职。

关麟征

关麟征

关麟征（1905—1980），原名志道，字雨东，陕西省户县（今西安市鄠邑区）人。黄埔军校第一期毕业，一生戎马倥偬、南征北战。卢沟桥事变后，关麟征升任新组建的第五十二军军长，在台儿庄战役、武汉会战中发挥了重要的作用。1949年任国民党陆军总司令，后居香港。

孙蔚如

孙蔚如（1896—1979），西安灞桥人。毕业于陕西陆军测量学校，从靖国军时期就一直追随杨虎城，为十七路军重要将领。西安事变后，杨虎城被迫出国，所部由孙蔚如统领。1937年春接任陕西省政府主席，兼三十八军军长。抗战全面爆发后历任三十八军军长、第三十一军团军团长、第四集团军总司令，曾指挥过著名的中条山保卫战。中华人民共和国成立后，曾任陕西省副省长。

孙蔚如

基地链接

洛川会议纪念馆

洛川会议纪念馆位于洛川县城永乡镇冯家村。1937年8月22日至25日，中共中央在这里召开了著名的"洛川会议"。会上毛泽东代表政治局做了关于军事问题和国共两党关系问题的报告，制定通过了《中共中央关于目前形势与党的任务的决定》和《抗日救国十大纲领》，重新组成了十一人的中央革命军事委员会，发布了将红军改编为八路军的命令等。洛川会议是我党历史上一次具有重大转折意义的会议。会议制定的各项路线、方针、政策，对中国人民最终打败日本侵略者，实现民族独立具有重大历史作用。

洛川会议纪念馆

中共中央西北局旧址

中共中央西北局旧址位于延安南川花石砭半山腰，现存土石窑洞150余孔，礼堂、会议室、机关餐厅各1座。2006年5月25日，被国务院公布为全国重点文物保护单位。

西北局成立后，在中共中央的直接领导下，负责管理陕甘宁边区及西北各省的工作。领导西北地区党的组织和边区军民，贯彻执行党的路线、方针、政策，为夺取抗日战争和解放战争的胜利做出巨大贡献。西北局是执行党中央各项方针政策的模范，它对边区的政治、经济、文化建设做出了重大贡献，使陕甘宁边区成为新民主主义的模范实验区，成为新中国的雏形。1947年3月，国民党军队进犯延安。西北局机关于3月14日随党中央撤离延安，转战陕北。1948年5月返回延安。1949年5月，迁驻西安。

中共中央西北局旧址大门

中共中央西北局机关旧址

研学活动导学案

一、活动目标

1. 了解国共团结抗战的历史背景及重大意义。

2. 了解六届六中全会召开的历史背景及重大历史意义。

3. 了解赵寿山、关麟征、孙蔚如等革命先辈的事迹及重大贡献。

4. 探究国共合作团结抗战的深层原因,培养学生乐于探究、善于质疑的精神。

5. 通过系列研学活动,增强民族自信心,自觉维护祖国独立和统一。

二、课程链接

1. 部编版《语文(四年级)》下册《小英雄雨来》

2. 部编版《语文(六年级)》上册《狼牙山五壮士》

3. 部编版《中国历史(八年级)》上册《七七事变与全民族抗战》

4. 人教版《历史(必修一)》中的《抗日战争》

三、活动内容

1. 参观洛川会议纪念馆，了解洛川会议的内容和历史意义。

2. 参观中共中央西北局旧址，了解其历史变革及巨大的历史贡献。

3. 讲革命故事，搜集赵寿山、关麟征、孙蔚如等革命先辈的小故事，先在小组中讲，再在全班分享。

4. 学唱《黄河大合唱》，感受中华民族源远流长的光荣历史和中国人民坚强不屈的斗争精神。

5. 举行"我是中国人"主题演讲比赛，小组选出优胜者，参加班级的演讲比赛。

四、拓展延伸

1. 观看央视播出的纪念抗战胜利的纪录片《丰碑》。

2. 阅读《中国抗日战争史（上卷）》（军事科学院军事历史研究院编著）。

3. 观看纪念抗日战争胜利70周年纪录片《平型关大捷》。

4. 探究：六届六中全会的重大历史意义。（提示：查阅相关文史资料，用翔实的材料论证说明。）

活 动 记 录

研学主题	
研学方式	
知识积累	1.1937年7月，日本侵略军发动＿＿＿＿＿＿＿＿＿＿，标志着抗日战争全面爆发。1937年8月22日至25日，中共中央在陕北洛川县冯家村举行的中央政治局扩大会议，史称＿＿＿＿＿＿＿＿＿＿。会议通过了《关于目前形势与党的任务的决定》，还根据毛泽东的提议，通过了＿＿＿＿＿＿＿＿＿＿。 2.＿＿＿＿＿＿＿＿＿＿是华北战场上中国军队主动寻歼敌人的第一个大胜仗，也是八路军开赴抗日前线后首战告捷，极大地振奋了全国军民的胜利信心，提高了共产党和八路军的威望。

主要活动	
合作探究	探究：国共团结抗战的历史背景及重大意义。（提示：先自主探究思考，然后小组进行交流，相互补充，记录要点。） 探究方法 要点记录

展示交流	选题一：小组用多媒体分享所拍照片，并选择10张照片进行具体介绍。要求声音洪亮，条理清楚，落落大方，尽量脱稿。 选题二：小组代表上台交流合作探究中的一个问题，也可以交流自己小组感兴趣的问题。其他小组可提问、补充、质疑、建议。 选题三：小组用自己喜欢的方式（可以是诵读、主题演讲、讲革命故事等）分享研学的收获。要求各小组全员参与，从不同角度创造性地分享研学收获。 （提示：以上几种展示交流的方式，各小组可任选一种。） 我们组展示交流的内容 我们的创意

心得体会	
活动评价	1. 小组内评价：小组成员对研学活动中各个同学的表现进行评价。大家对我的评价 _____ _____ _____ _____ 2. 自我评价：根据下面的六项内容，回顾研学过程中自己的表现，按照优秀（五颗星）、良好（四颗星）、一般（三颗星）、有较大提升的空间（一至两颗星）的标准进行自我评价。 团结协作 _____　　创新精神 _____ 自理能力 _____　　沟通分享 _____ 出行纪律 _____　　实践能力 _____

豆选逸事

讲 述

陕甘宁边区政府是中国共产党局部执政的试验区，被誉为"民主的政治、廉洁的政府"。陕甘宁边区建立了"直接、平等、无记名"的选举制度，开创了中国历史上最民主的选举制度；实行各阶级、阶层人民共同抗日的"三三制政权"，成为名副其实的统一战线政权。

1936年6月，谢觉哉担任中华苏维埃共和国中央政府西北办事处内务部长兼秘书长，中共中央决定让谢觉哉负责西北根据地各级政权的建设，要求进行县、乡两级政府的民主选举，以便人民能够行使自

投豆选举（油画）

己的权利。

谢觉哉接到中央指示,认为根据地没有这方面的经验,不可操之过急,最好是先找一个县进行试点,取得经验,然后再全面推广。谢觉哉来到试点的保安县,召开干部大会时强调:这次选举是陕北人民有史以来第一次真正的民主选举,搞好试点工作,对于整个根据地的选举工作会起到很大的推动作用。

谢觉哉与保安县工农民主政府主席刘景范一起深入到麻子沟乡,搞乡选举试点。他们吃住在农民家里,反复向群众宣传选举的意义,讲解选举的方法,鼓励农民关心选举、参加选举。群众的积极性被调动起来了。但是大多数农民不识字,无法填写选票。群众商量了一个办法:让候选人背对着选民在选举会场坐成一排,在每一个候选人背后放一个碗,凡是18岁以上的村民都可以领到豆子,然后根据自己的意愿将豆子放在"中意"的候选人的碗里,以代替投票,最后根据碗中的豆子数确定村政府的人选。这样既方便了群众,又实现了群众的权利和心愿,避免了作假的弊端,"投豆子选举法"由此产生。这次民主选举试点总结的经验推动了根据地选举工作的顺利开展。

事件回顾

陕甘宁边区选举

抗战期间,陕甘宁边区政府在1938年、1941年和1945年共进行过三次民主选举,民主政治一次比一次成熟。1940年6月,毛泽东在《抗日根据地的政权问题》中指出民主选举要"贯彻执行三三制的原则",即共产党员占三分之一,代表无产阶级和贫农;非党的左派占三分之一，代表小资产阶级；不左不右的中间派占三分之一，代表中等资产阶级和开明绅士。

1941年11月，陕甘宁边区参议会选举常驻议员和政府委员时，候选人中的共产党员人数超过了三分之一，著名共产党人谢觉哉、王维舟等12人主动提出退出政府委员竞选，徐特立、萧劲光等6人退出常驻议员竞选。选举结果是政府委员中的共产党员仍多出1人，徐特立立即宣布退出，让给党外人士。这表现出共产党人对民主合作的至诚，与国民党一党专制的独裁统治形成了鲜明的对比。民主政治，选举第一；没有选举，就没有民主；没有民主，就没有革命。由于广泛的宣传，再加上共产党人表现出的高度的民主政治诚意，边区的人民群众参政议政的热情格外高涨。为了解决边区人民文化程度普遍不高，大多都不识字，难以完成填写选票的问题，在选举实践中，边区政府创造了红绿票法、画圈法、画杠法、画点法、烧洞法、投豆法等各种办法，鼓励群众积极投票参选。据统计，1941年

投豆选举现场

陕甘宁边区选举现场

整个边区的参选率达到80％，绥德、清涧、延川等地达到95％以上。通过选举，边区建立了与人民群众血肉相连、鱼水相依的真正代表民意的各级政权。

1945年1月，著名民主人士黄齐生到延安考察，在延安住了一年零两个月，他在《延安选举见闻》中详尽地记述了1945年边区政府第三届选举的全过程，并感慨道："这样产生出来的议会，这样产生出来的政府，哪里会有贪污？哪里会有腐化？边区的作风，概括一句话就是能替人民大众着想。先向人民大众学习，回头再去领导人民大众，交互循环，与人民打成一片。"

人物档案

林伯渠

林伯渠（1886—1960），原名祖涵，字邃园，号伯渠，湖南省安福

林伯渠

县（今临澧县）修梅镇凉水井村人。著名的无产阶级革命家、教育家，党和国家重要领导人之一。参加过南昌起义、长征等重要革命活动，曾任陕甘宁边区政府主席，中华人民共和国成立后曾任中央人民政府秘书长、全国人大常委会副委员长等职。

谢觉哉

谢觉哉

谢觉哉（1884—1971），字焕南，别号觉斋，湖南省宁乡县（今宁乡市）人。中国共产党的优秀党员，著名的法学家、教育家，杰出的社会活动家，法学界的先导，人民司法制度的奠基者。中华人民共和国成立后曾任最高人民法院院长、全国政协副主席等职。

基地链接

延安革命纪念馆

延安革命纪念馆位于陕西省延安市城北1千米处的王家坪，是中华人民共和国成立后最早建立的革命纪念馆之一。馆藏文物有3.5万多件，历史照片5500多张，图书资料1.2万余册。纪念馆生动地再现了党中央及老一辈无产阶级革命家在延安领导中国革命的艰苦岁月，是学习中共中央延安时期历史最为生动的活教材。2017年入选教育部第一批全国中小学生研学实践教育基地名单。

延安革命纪念馆

研学活动导学案

一、活动目标

1. 了解豆选逸事发生的时代背景及历史意义。

2. 了解陕甘宁边区的多种选举方法及民主性。

3. 了解林伯渠、谢觉哉等革命先辈的事迹。

4. 学习革命历史知识,接受革命传统教育,认识和了解延安精神。

5. 学习延安精神,进一步了解延安精神的现实意义,弘扬延安精神,增强学生的社会责任感和爱国情感。

二、课程链接

1. 人教版《高中历史(必修1)》中的《新中国的民主政治建设》《政治建设的曲折发展及其历史转折》

2. 人教版《高中历史(必修3)》中的《毛泽东思想》《新时期的理论探索》

三、活动内容

1. 参观延安革命纪念馆，浏览珍贵的革命文物、文献和照片，了解陕甘宁边区的革命历程。

2. 登临宝塔山，感受中国人民争取民族解放艰苦卓绝的奋斗历程。

3. "发扬延安精神"演讲比赛，先在小组演讲，优胜者参加全班演讲比赛。

4. 诗歌朗诵，各小组选择歌颂延安的相关诗歌进行诵读编排，然后向全班展示。

5. 豆选漫画创作，学生根据自己对豆选的理解，参考相关作品，进行漫画创作，向全班展示。

四、拓展延伸

1. 欣赏彦涵的木刻版画《豆选》和有关豆选的漫画、年画作品。

2. 观看电视剧《延安颂》相关片段。

3. 阅读《李有才板话》（赵树理著）中有关豆选的片段。

4. 探究：陕甘宁边区政府选举的民主性体现在哪些方面？（提示：查阅相关文史资料，用翔实的材料论证说明。）

研学主题	
研学方式	
知识积累	1. 陕甘宁边区建立了"＿＿＿＿＿＿＿＿＿"的选举制度，开创了中国历史上最民主的选举制度；实行各阶级、阶层人民共同抗日的"＿＿＿＿＿＿＿＿＿"，成为名副其实的统一战线政权。 2. 为了解决边区人民文化程度普遍不高，大多都不识字，难以完成填写选票的问题，在选举实践中，边区政府创造了红绿票法、＿＿＿＿＿＿＿、画杠法、＿＿＿＿＿＿＿、烧洞法、＿＿＿＿＿＿＿等各种办法，鼓励群众积极投票参选。通过选举，边区建立了与人民群众＿＿＿＿＿＿＿、＿＿＿＿＿＿＿的真正代表民意的各级政权。

主要活动	
合作探究	探究： 1. 豆选的创造带给我们哪些启示？ 2. 抗争胜利后初期，中国共产党为争取民主政治权利做出了哪些重大努力？结果如何？（提示：先自主探究思考，然后小组进行交流，相互补充，记录要点。） 探究方法 要点记录

展示交流	选题一：小组用多媒体分享所拍照片，并选择10张照片进行具体介绍。要求声音洪亮，条理清楚，落落大方，尽量脱稿。 选题二：小组代表上台交流合作探究中的一个问题，也可以交流自己小组感兴趣的问题。其他小组可提问、补充、质疑、建议。 选题三：小组用自己喜欢的方式（可以是诵读、主题演讲、讲革命故事等）分享研学的收获。要求各小组全员参与，从不同角度创造性地分享研学收获。 （提示：以上几种展示交流的方式，各小组可任选一种。） 我们组展示交流的内容 我们的创意

心得体会	
活动评价	1. 小组内评价：小组成员对研学活动中各个同学的表现进行评价。大家对我的评价 _____ _____ _____ _____ 2. 自我评价：根据下面的六项内容，回顾研学过程中自己的表现，按照优秀（五颗星）、良好（四颗星）、一般（三颗星）、有较大提升的空间（一至两颗星）的标准进行自我评价。 团结协作 _____　　创新精神 _____ 自理能力 _____　　沟通分享 _____ 出行纪律 _____　　实践能力 _____

精兵简政

> 讲 述

　　1941 至 1942 年,由于日军和国民党对陕甘宁边区的双重包围和经济封锁,加上自然灾害的侵袭,边区财政经济遇到了极大困难。

　　1941 年时,边区脱产人员达 7.3 万,又没有外援,边区农民的负担比 4 年前增加了 7 倍还多,百姓生活困苦。

　　1941 年 6 月 3 日,延安杨家岭小礼堂,陕甘宁边区政府正在召开县长联席会议,讨论征粮工作和农民负担问题。本来好好的天气,突

毛泽东(左)和陕北老乡亲切交谈

然天降大雨，电闪雷鸣，小礼堂也遭到雷击。雷电击断了礼堂的一根柱子，坐在柱子旁边的延川县代县长李彩云不幸身亡。这事被一位农民知道了，他借故发泄对负担过重的不满，逢人便骂："老天爷不睁眼，响雷把县长打死了，咋不打死毛泽东！"此话传开后，中央保卫部门把这事当作反革命事件来追查，很快便逮捕了这位农民。

毛泽东知道这件事后，立即阻止保卫部门。他说："群众发牢骚、有意见，说明我们的政策和工作有毛病。不要一听到群众有议论，尤其是尖锐一点的议论，就去追查，进行打击压制。这种做法是神经衰弱的表现。我们共产党人无论如何不要造成同群众对立的局面。"毛泽东还强调道："党群关系好比鱼水关系，共产党是鱼，老百姓是水；水里可以没有鱼，鱼可是永远也离不开水啊！"毛泽东要求保卫部门立即释放这位农民并妥善地将他送回家。

这事引起了毛泽东的深思：这个农民为何要骂自己？是什么事引发农民这么大的怨气？毛泽东决定对此做一番了解。在实际调查中，群众反映："救国公粮任务太重，群众要饿死了！""吃公饭的人那么多，我们怎么养得起？"群众的意见让毛泽东下决心要采取措施改进工作，将农民的负担减下来。他号召大力发展生产，中央领导同志带头开荒生产、交公粮，同时，边区政府也出台了支持移民开荒、实施减租减息、倡导劳动竞赛三项政策，把大生产运动推向高潮。大生产运动使党政机关、部队和学校实现了粮食部分自供自给。

时任陕甘宁边区政府副主席的李鼎铭是一位党外人士，他向参议会提出了"精兵简政"的议案。

精兵简政政策是在抗日战争时期，中国共产党为战胜日本侵略者和国民党顽固派的军事、经济封锁，克服抗日根据地的困难而采取的重要政策。1940年和1941年，各个抗日根据地遭遇空前的供给困难。

李鼎铭（左）和林伯渠（右）

1941年11月6日，面对现状，开明绅士、参议员李鼎铭等人在陕甘宁边区第二届参议会上提案建议："政府应彻底计划经济，实行精兵简政主义，避免入不敷出、经济紊乱之现象。"该提案得到大会通过。毛泽东批示道："这个办法很好，恰恰是改造我们的机关主义、官僚主义、形式主义的对症药。"1941年12月，中共中央决定采取这一政策，整顿各抗日根据地的党政军机构，精简机关，充实连队，充实基层。各抗日根据地积极执行了这一政策，对于加强部队战斗力、减轻人民负担、增加生产、克服当时的物资困难起了很大作用。陕甘宁边区经过三次精兵简政，极大地减轻了边区群众的负担。1942年底，陕甘宁边区终于度过了最困难的时期。毛泽东风趣地说："这是从'雷公打死毛泽东'到天下太平哟！"

2018年，党的十九届三中全会审议通过了《中共中央关于深化党和国家机构改革的决定》和《深化党和国家机构改革方案》。虽然时代不同，但精神实质是取自延安时期的精兵简政主义，因为它对于新时代社会主义建设仍具有现实的借鉴意义。

事件回放

民主中国的模型——陕甘宁边区

在陕甘宁边区,中国共产党以边区作为局部执政的"试验区"和"示范区",在中共局部执政史上具有承上启下、继往开来的地位和作用。中共在全国范围执政之前,曾经有江西时期、延安时期、西柏坡时期三次局部执政的实践。延安时期陕甘宁边区不仅成为"民主中国的模型",而且形成了一系列政治、经济、文化、社会建设的制度和政策,培养了一大批能打仗、懂经济、善管理的干部队伍和建设人才,为中华人民共和国的建立和建设奠定了坚实的基础,也为中国共产党在全国范围执政积累了丰富经验。

通过大生产运动,陕甘宁边区实现了丰衣足食

陕甘宁边区各项建设的巨大成就受到中外人士的广泛认同和赞许，也吸引着一大批国内外人士纷至沓来。从1938年到1941年，来边区的中外人士就达7000多人。在国内，1938年，卫立煌访问延安；1938年、1946年，梁漱溟先后两次访问延安；1939年、1943年，邓宝珊先后两次访问延安；1940年，陈嘉庚访问延安；1944年和1945年，张治中三到延安；1945年7月，国民参政会六位参政员访问延安；等等。国际上，继1936年夏，美国著名记者埃德加·斯诺采访西北苏区后，美国记者史沫特莱、斯诺夫人海伦·福斯特·斯诺，美国海军军官卡尔逊，苏联友人白列斯托夫、马里果夫，英国记者贝特兰，德国记者希伯，加拿大医生白求恩一行，印度医疗队爱德华一行等先后来到延安和边区，还有美军观察组于1944年7月来延安和边区考察历时三年之久。这些中外人士的访问、参观、考察，大都对延安和陕甘宁边区的各项建设和社会进步留下了极佳的印象，有的被写成报道在国统区发表，有的被写成回忆录传之后世，有的被写成报告发回国内，传遍国内外。

1940年2月，毛泽东在延安抨击国民党顽固派对陕甘宁边区的诬蔑时，十分坚定地指出："陕甘宁边区是全国最进步的地方，这里是民主的抗日根据地，这里一没有贪官污吏，二没有土豪劣绅，三没有赌博，四没有娼妓，五没有小老婆，六没有叫花子，七没有结党营私之徒，八没有萎靡不振之风，九没有人吃磨擦饭，十没有人发国难财。"这就是新民主主义的模范——陕甘宁边区向国人和世界展现的形象。许多在延安战斗生活过的老战士，至今回忆起在陕甘宁边区生活与战斗的往事，总是一往情深，津津乐道，称陕甘宁边区是温暖的大家庭，"这里没有尔虞我诈，没有钩心斗角，有的是团结友爱、互相帮助"。在陕甘宁边区，"大家在一起无拘无束，彼此都很坦诚，谁也用不着戒备谁,你完全可以把心胸全部敞开"。

人物档案

李鼎铭

李鼎铭(1881—1947),原名丰功,陕西省米脂县人。1941年,陕甘宁边区开展"三三制"民主政权普选运动,开明绅士李鼎铭被选为米脂县参议会议长,陕甘宁边区参议会参议员、副议长。同年冬,在边区第二届一次参议会上,当选陕甘宁边区政府副主席。他在就职演说中对自己的思想做了诚恳的自我剖析,在这次会议上,他联络姬伯雄等参议员,提出"政府应彻底计划经济,实行精兵简政主义,避免入不敷出、经济紊乱之现象",得到大会通过。在毛泽东的推动下,

李鼎铭

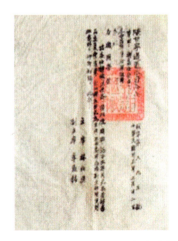

李鼎铭、林伯渠署名的陕甘宁边区政府委任令

精兵简政政策得以贯彻实施，极大减轻了群众负担。

基地链接

陕甘宁边区政府旧址

陕甘宁边区政府旧址位于延安南关南洼村，是陕甘宁边区政府1937年9月至1949年6月的办公驻地。1935年10月，中共中央率领中央红军长征到达陕北，11月，中央在陕甘晋设立了中华苏维埃人民共和国临时中央政府驻西北办事处，简称"西北办事处"。根据国共双方协议（国民政府行政院第333次会议通过决议承认陕甘宁边区），1937年9月6日，西北办事处更名为陕甘宁边区政府，9月20日，陕甘宁边区政府正式成立。陕甘宁边区政府，是中国共产党领导的抗日民主政权，是边区政权的最高行政机关。陕甘宁边区政府主席为林伯渠。边

陕甘宁边区政府旧址

区政府下设有办公厅、财政厅、建设厅、教育厅、民政厅、保安处等厅局。边区政府现存窑洞52孔,现开放供参观的有陕甘宁边区政府简史陈列窑洞(5孔),林伯渠、李鼎铭旧居等。

李鼎铭陵园与故居

李鼎铭陵园位于米脂县城东20千米的桃镇村。陵园将陕北传统的陵墓建筑和现代陵园建筑融为一体,设计巧妙,修造技术精湛,登山瞻仰,引人肃立。庄严雄伟的塔形纪念碑上镌刻有毛泽东主席和西北局题赠的挽词。李鼎铭故居坐落在陵园下的黄土坡上,是5孔典型的陕北窑洞,后辟为李鼎铭纪念馆。李鼎铭先生陵园和故居是陕西省重点文物保护单位。这里环境清新雅致,与李鼎铭先生慎思博学的人格相融通。

李鼎铭陵园

李鼎铭故居

研学活动导学案

一、活动目标

1. 了解陕甘宁边区对于中国革命的伟大贡献，学习老一辈无产阶级革命家自力更生、艰苦奋斗的精神。

2. 明确精兵简政提出的历史背景及历史意义。

3. 思考作为民主中国模型的陕甘宁边区对于中华人民共和国的成立和建设所起到的重大作用。

4. 探究"精兵简政"对于新时代社会主义建设的借鉴意义。

二、课程链接

1. 人教版《语文（六年级）》上册《为人民服务》

2. 人教版《品德与社会（五年级）》下册《起来，不愿做奴隶的人们》

三、活动内容

1. 参观陕甘宁边区政府简史陈列的窑洞，聆听陕甘宁边区的斗争历史和巨大的历史贡献。

2. 前往林伯渠故居，了解林伯渠的生平事迹，学习以林伯渠为代表的老一辈无产阶级革命家自力更生、艰苦奋斗的革命精神。

3. 参观李鼎铭陵园与故居，向李鼎铭纪念碑敬献花篮。

四、拓展延伸

1. 阅读毛泽东的文章《一个极其重要的政策》《抗日时期的经济问题与财政问题》，阅读梁漱溟《中国民族自救运动之最后觉悟》。

2. 观看电影《红星照耀中国》。

3. 阅读党史故事《林伯渠的信仰选择》（唐贤健、杨琦明撰）。

4. 探究：中共在全国范围执政之前，曾经有江西时期、延安时期、西柏坡时期三次局部执政的实践，这些执政经验对于新中国的建立和建设发挥着重要作用。（提示：查阅相关文史资料，用翔实的材料论证说明。）

活动记录

研学主题	
研学方式	
知识积累	1. 精兵简政是由边区开明绅士、参议员＿＿＿＿＿提出的。 2. 为了落实精兵简政政策，边区政府出台了支持＿＿＿＿＿、实施减租减息和＿＿＿＿＿＿三项政策，把大生产运动推向高潮。 3. 对于精兵简政提案，毛主席批示道："这个办法很好，恰恰是改造我们的机关主义、＿＿＿＿＿和＿＿＿＿＿的对症药。" 4. 陕甘宁边区作为我党局部执政的试验区和＿＿＿＿＿区，在中共执政史上具有＿＿＿＿＿和＿＿＿＿＿的地位和作用。

主要活动	
合作探究	探究：结合党的十九届三中全会通过的《中共中央关于深化党和国家机构改革的决定》和《深化党和国家机构改革方案》，简述你对新时代精兵简政意义的理解。 探究方法_____ 要点记录_____

展示交流

选题一：小组用多媒体分享所拍照片，根据照片内容介绍陕甘宁边区旧址或者李鼎铭陵园与故居。要求声音洪亮，条理清楚，落落大方，尽量脱稿。

选题二：小组代表上台交流合作探究中的问题，也可以交流自己小组感兴趣的问题。其他小组可提问、补充、质疑、建议。

选题三：小组用自己喜欢的方式（可以是诵读、主题演讲、讲革命故事等）分享研学的收获。要求各小组全员参与，从不同角度创造性地分享研学收获。

（提示：以上几种展示交流的方式，各小组可任选一种。）

我们组展示交流的内容

我们的创意

心得体会	
活动评价	1. 小组内评价：小组成员对研学活动中各个同学的表现进行评价。大家对我的评价 _____ _____ _____ _____ 2. 自我评价：根据下面的六项内容，回顾研学过程中自己的表现，按照优秀（五颗星）、良好（四颗星）、一般（三颗星）、有较大提升的空间（一至两颗星）的标准进行自我评价。 团结协作 _____　　创新精神 _____ 自理能力 _____　　沟通分享 _____ 出行纪律 _____　　实践能力 _____

陕北的好江南

讲 述

　　花篮的花儿香,听我来唱一唱,唱一呀唱。来到了南泥湾,南泥湾好地方,好地呀方。好地方来好风光,好地方来好风光,到处是庄稼,遍地是牛羊。当年的南泥湾,到处呀是荒山,没呀人烟。如今的南泥湾,与往年不一般,不一呀般。如呀今的南泥湾,与呀往年不一般,再不是旧模样,是陕北的好江南。

——贺敬之《南泥湾》

　　南泥湾位于延安城东南45千米处,过去这里土地肥沃、水源充足、人烟稠密。到了清朝末年,社会动荡,使这里变成了杂草丛生、荆棘遍地、人迹稀少、野兽出没的"烂泥湾"。在抗日战争最艰苦的年代,王震率领八路军三五九旅在南泥湾开荒生产,使这里变成了"到处是庄稼,遍地是牛羊"的"陕北的好江南",创造了中国革命历史上的一段佳话。

　　1941年3月初,春寒料峭,寒风刺骨,喊着"一把镢头一支枪,生产自救保卫党中央"的豪言壮语,王震率领三五九旅开进方圆几十

八路军一二〇师三五九旅垦荒南泥湾

里荒无人烟的南泥湾。当时,战士们没有地方住,夜间只能用树枝搭草棚过夜,生产资金和生产工具都极度匮乏。王震心里清楚,要扎下根来,就要解决吃、住、生产工具的问题,他边鼓励大家开荒,边抽出部分人突击打窑洞;粮食不够吃,部队干部亲自带头顶风冒雪、跋山涉水到远离驻地的县城背运粮食;没有油盐酱醋就打柴烧炭,拿到集市上和老百姓交换;为了改善伙食,他鼓励战士们拾山货、挖野菜、收野鸡蛋、下河摸鱼;没有农具,就用弹片打制成耕地的犁和锄头。

王震命令"上至旅长,下至马夫、伙夫一律参加生产",他身先士卒,率领部队开展劳动竞赛,三五九旅的模范班长李位创造了日开荒三亩六分七的纪录。随着生产工具的改良和生产技术的提高,又有一位排长郝树才创造了一天开荒四亩二分三的成绩,被大家亲切地称为"气死牛",被党中央授予"特级劳动模范"。让扛枪打仗的战士们种地，战士们难免会产生一些思想波动。部分战士认为"当兵是来打日本鬼子的，不是来种地的""后方生产不如在前方打仗光荣"。为了保持部队的战斗力，王震决定利用农闲时间组织部队开展大练兵活动。在大练兵中，涌现出百发百中的连队11个，全旅投掷手榴弹的成绩也从平均25米提高到40米，不少人达到60米，最远创造了72米的纪录。部队劳动生产时，就把枪架在地头上，遇有战况便迅速投入战斗，三五九旅数次击退了国民党顽固派的袭扰。美军观察组组长包瑞德上校称赞道："这在世界上任何地方都是了不起的。"

1943年秋，毛主席到南泥湾视察，被眼前"到处是庄稼、遍地是牛羊"的丰收景象所吸引。毛主席走在田间地头，不时与战士们攀谈，了解情况，他高兴地说："国民党要困死我们、饿死我们，他们越困，

南泥湾开荒雕塑

你们越胖了。"在三五九旅，王震汇报说：战士收了头一茬庄稼后，接着种第二茬，余粮卖了，可以换几头耕畜。他们做木纺车，自己织粗毛呢，日子过得红红火火、有滋有味。除去上缴中央的，把余粮分成"部队的"和"个人的"两块，分给个人的可以卖，也可寄回家去，或换成钱存入边区银行。

"烂泥湾"变良田

据统计，从1942年到1944年，陕甘宁边区共开垦荒地200多万亩。1944年，三五九旅除吃用全部自给外，达到了"耕一余一"，成为全军大生产运动的旗帜。1945年，边区农民大部分可做到"耕三余一"，部分做到"耕一余一"，达到种一年可留一年余粮的程度。

短短几年时间，昔日荒无人烟、荆棘丛生的"烂泥湾"，在王震和三五九旅官兵的辛勤劳作下，变成了实实在在的米粮川，陕北的"好江南"。整个南泥湾里，大片的良田、绿色的森林、潺潺的流水，构成了一幅塞外江南的美景。三五九旅也因此成为全军大生产运动的一面旗帜。

由三五九旅开始的屯垦自救乃至整个边区的大生产运动，帮助根据地克服了严重的物资困难，粉碎了国民党的经济和军事封锁，支撑共产党和人民军队度过了抗日战争最艰苦的时期，为抗战胜利打下了坚实的物质基础。

南泥湾的金色麦田

事件回顾

自己动手　丰衣足食

抗战中期,由于国民党当局的反共政策,造成了国共关系的紧张。1940年冬,蒋介石停发了八路军和新四军的军费,同时还派十多万军队封锁陕甘宁边区和其他抗日根据地,企图困死边区的共产党及其军队。这时,偏遇天公不作美,1940年至1943年,北方连年遭受自然灾荒,整个抗日根据地军民都陷入了艰难的境地。边区的人民缺衣少食,八路军也很困难,战士们的鞋袜破了,没有新的可以换洗,甚至政府的工作人员在冬天连被子都没有。

1939年2月,毛泽东在延安召开的生产动员大会上提出了"自己动手"的口号。提倡军队自己种菜、种粮,解决吃饭问题;自己纺纱、织布，解决穿衣问题。这一时期，无论是中共中央的领导还是普通士兵，都参与了自力更生的大生产运动。毛泽东还在杨家岭窑洞对面的山沟里，开垦了一块长方形的菜地，经常去浇水、拔草。周恩来、任弼时等领导人也学习纺线，并在中央直属机关的纺线比赛中被评为"纺线能手"。在这场大生产运动中，最典型的是三五九旅在南泥湾的垦荒生产。

1940年，朱德总司令对南泥湾进行了多次考察，他说："这个地方既然能长草，就一定也能长好庄稼。"他和毛泽东商量派人带领军队去那里开荒生产。但是派谁去呢？党中央想到了三五九旅旅长王震。王震，这位26岁就出任红六军团政治委员的湖南浏阳汉子，是一位性情耿直、善于打硬仗的虎将，听说中央让他率领军队垦荒，连连摇头说："不行，不行，我要在前线打鬼子。"如何才能让王震"出征"南泥湾呢？毛泽东想到了激将法。一天中午，毛泽东从张闻天、王稼祥那里借了一点米面，又派警卫员从农民那里换了一小块猪肉、几个鸡蛋，

八路军战士们自己动手纺纱织布

战士们自己动手制造武器

战士们在南泥湾插秧

弄上几个还算像样的菜"宴请"王震。当王震知道毛泽东主席为了请自己吃一顿便饭，费了这么多的周折，还花费了毛泽东一个月的口粮时，他的"倔劲儿"上来了，拍着胸脯保证说："今天的酒我不喝，等明年秋收我带着垦荒胜利的果实来喝酒！"就这样，1941年3月，王震提出了"一把镢头一支枪，生产自给保卫党中央"的口号，带着三五九旅的官兵们开进了南泥湾的荒山野岭。

人物档案

王 震

王震

王震（1908—1993），湖南省浏阳县（今浏阳市）人。坚定的马克思主义者，中国共产党的优秀党员，伟大的无产阶级革命家、政治家、军事家，党和国家的卓越领导人，被授予上将军衔。他一生两度开展大生产运动，是我国屯垦戍边第一人，新疆至今还保留着他当年率领进疆的屯垦戍边的生产建设兵团。1941年初，他率部进驻南泥湾，一边参与回击国民党顽固派的军事和政治斗争，一边为克服根据地日益严重的物质生活困难，开展轰轰烈烈的大生产运动。经过两年多的努力，开荒耕地30余万亩，把"处处是荒山"的南泥湾建成了"陕北的好江南"。中华人民共和国成立后，他率领部队在新疆积极开展屯垦戍边，发展生产，兴修大批水利工程，开荒百万亩；兴办工业，建立起钢铁、纺织、发电、农机、水泥、煤矿等一批工矿企业，奠定了新疆的工业基础。

基地链接

南泥湾革命旧址

南泥湾革命旧址位于延安南 45 千米处。景区内设有毛泽东视察南泥湾旧居、三五九旅旅部旧址、南泥湾垦区政府旧址、九龙泉和南泥湾大生产陈列馆等景点。现已建成以革命纪念地为主，集参观、旅游、经济综合开发为一体的多功能经济、文化重镇，是陕西省第三批重点文物保护单位。

南泥湾革命旧址

研学活动导学案

一、活动目标

1. 聆听三五九旅将"烂泥湾"变成"陕北好江南"的感人事迹，学习革命前辈不怕困难、自力更生的伟大精神。

2. 了解"自己动手，丰衣足食"的大生产运动的背景，进一步增强社会责任感和爱国情感。

3. 通过此次活动，提高自立自强、团队协作意识及劳动实践能力。

4. 树立为实现中华民族伟大复兴的中国梦而努力学习的远大抱负。

二、课程链接

1. 人教版高中《历史（必修1）》中的《新中国的民主政治建设》

2. 人教版高中《历史（必修3）》中的《毛泽东思想》《新时期的理论探索》

3. 部编版《语文（八年级）》下册《安塞腰鼓》

4. 人教版高中《地理（选修3）》中的《现代旅游及其作用》

三、活动内容

1. 党徽广场举办"南泥湾,陕北的好江南"主题活动,演唱《南泥湾》《绣金匾》,学唱陕北民歌,了解陕北民俗风情,表演拥军秧歌。

2. 前往三五九旅烈士陵园,敬献花篮,缅怀为革命事业献出生命的革命烈士,学习他们的革命精神和爱国主义精神。

3. 参观南泥湾大生产展览馆,聆听大生产运动中的感人故事,学习艰苦奋斗精神。

4. 参观三五九旅旧部、南泥湾垦区政府旧址,学习打安塞腰鼓。

四、拓展延伸

1. 阅读小说《南泥湾》(姬晓东著)。

2. 观看电影《南泥湾》《军民大生产》。

3. 观看纪录片《王震》(央视纪录片)。

4. 探究:历史上的屯田制度的目的和意义。(提示:查阅相关文史资料,用翔实的材料论证说明。)

陕北的好江南 99

活 动 记 录

研学主题	
研学方式	
知识积累	1. 抗日战争时期，由_____领导的三五九旅克服重重困难，将昔日的"烂泥湾"，变成了_____。 2. 1941年3月，寒风刺骨，三五九旅喊着"一把镢头一支枪，_____"的豪言壮语，开进了荒无人烟的南泥湾。 3. 1942年到1944年，陕甘宁边区共开垦荒地_____亩。 4. 王震一生两度开展大生产运动，一次是在南泥湾，一次在_____。
主要活动	

合作探究

探究：

1. 南泥湾大生产的成果及贡献。

2. 南泥湾精神的形成及现实意义。

（提示：先自主探究思考，然后小组进行交流，相互补充，记录要点。）

探究方法

要点记录

展示交流

选题一：小组用多媒体分享所拍照片，根据照片内容介绍南泥湾或者同学们研学活动的情景。要求声音洪亮，条理清楚，落落大方，尽量脱稿。

选题二：小组代表上台交流合作探究中的一个问题，也可以交流自己小组感兴趣的问题。其他小组可提问、补充、质疑、建议。

选题三：小组用自己喜欢的方式（可以是诵读、主题演讲、讲革命故事等）分享研学的收获。要求各小组全员参与，从不同角度创造性地分享研学收获。

（提示：以上几种展示交流的方式，各小组可任选一种。）

我们组展示交流的内容

我们的创意

心得体会	
活动评价	1. 小组内评价：小组成员对研学活动中各个同学的表现进行评价。大家对我的评价 _____ _____ _____ _____ 2. 自我评价：根据下面的六项内容，回顾研学过程中自己的表现，按照优秀（五颗星）、良好（四颗星）、一般（三颗星）、有较大提升的空间（一至两颗星）的标准进行自我评价。 团结协作 _____　　创新精神 _____ 自理能力 _____　　沟通分享 _____ 出行纪律 _____　　实践能力 _____

红歌嘹亮

讲 述

全面抗战爆发后的延安,像一块巨大的磁石,吸引着越来越多的文艺人才汇聚到这里。著名作家丁玲历尽千辛万苦第一个来到延安,随后大批小说家、报告文学家、诗人、音乐家等文艺界人士先后来到延安。如此一群激情澎湃的文艺才俊,创作出了不少洋溢着革命热情的好作品,大大推动了延安和陕甘宁边区文艺事业的繁荣和发展,使延安文艺呈现出崭新面貌。

1939年5月,冼星海指挥鲁艺师生排练《黄河大合唱》

"风在吼,马在叫,黄河在咆哮,黄河在咆哮……"诞生于1939年的《黄河大合唱》,以磅礴的气势展现了全面抗战时期中国人民英勇投身于民族解放的斗争精神,谱写了一幅波澜壮阔的抗日图景。

这首歌的曲作者冼星海,自幼酷爱音乐,1929年,赴法国巴黎学习作曲。抗战爆发后,已经回国的冼星海积极投身抗日救亡运动,创作了《救国军歌》《到敌人后方去》《在太行山上》等大量革命歌曲。

1938年9月,冼星海收到延安鲁迅艺术学院副院长沙可夫和音乐系全体师生的签名信,热情邀请他前往延安鲁艺担任音乐系主任。在周恩来的安排下,冼星海携夫人钱韵玲于1938年11月初抵达延安,开始在鲁艺任教。

诗人光未然曾与冼星海进行过多次合作,为他创作歌词。1939年1月,光未然把冼星海与抗敌演剧三队的同志们请到自己居住的窑洞里,在一盏昏暗的油灯旁,这位年轻的诗人用低沉的声音朗诵了《黄河船夫曲》《黄河颂》《黄河之水天上来》《黄水谣》等作品。诗人的激情感染着窑洞里的每一个人,在诵咏声戛然而止的瞬间,冼星海突然有了创作的灵感,他立刻奔回自己居住的土窑洞,开始夜以继日地谱曲创作。他完全进入了一种难以抑制的兴奋状态,长时间不休息,偶尔躺到床上抱头沉吟一会儿,很快又从床上猛然蹿起,继续谱曲。据时为延安保育院小朋友的赵战生老先生回忆,冼星海在创作《黄河大合唱》的那段时间,条件非常艰苦,他夜以继日地创作,因为留过洋,有喝咖啡的习惯,而延安没有咖啡,他就把豆子烤干磨成粉来喝。经过六个昼夜,冼星海呕心沥血,终于完成了《黄河大合唱》的全部曲谱。这部作品分为八个乐章,以黄河为中华民族的精神象征,热情讴歌了中华民族坚贞不屈、顽强抗争的英雄气概。在冼星海看来,《黄河大合唱》直接配合抗战形势,充满写实、愤恨、悲壮的情绪,歌词本身已描写出了伟大黄河的历史。

在冼星海完成全部曲谱十几天后,《黄河大合唱》在位于延安的陕北公学礼堂进行首演,获得了巨大成功。由于这首曲子振奋人心又朗朗上口,当时在延安人人都会唱,山头上、田地间经常飘荡着这支旋律。

1939年5月11日,在庆祝鲁艺成立一周年的音乐晚会上,冼星海指挥100多人组成的合唱团,演唱《黄河大合唱》。刚一唱完,毛泽东就连声称赞:"好!好!好!"当晚,冼星海在日记中写道:"今晚的音乐会可是中国空前的音乐会,我永远不能忘记今天的情形。"不久,回到延安的周恩来为冼星海题词:"为抗战发出怒吼,为大众谱出心声!"从此,《黄河大合唱》从延安传遍全中国,传向世界,成为激励中华儿女取得民族解放战争胜利的精神力量。

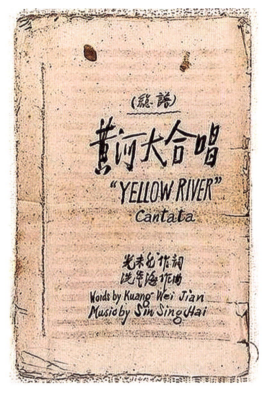

《黄河大合唱》乐谱

《黄河大合唱》作为一部在中华民族生死存亡关键时刻诞生的伟大艺术作品,是中华文化的里程碑,激励了一代又一代的中华儿女。即使在今天,每当音乐响起,依然能凝聚人心,鼓舞斗志。

事件回顾

延安文艺座谈会的召开

在全面抗战和解放战争初期,延安曾是中共中央所在地,中国人民解放斗争的总后方,召唤、培养出了一大批在当时最具先进文化代表性的作家和艺术家,在 20 世纪的中国文艺史上占有极其重要的地位。20 世纪三四十年代,成千上万的爱国青年和文艺工作者带着投身革命的热情,冲破重重艰难险阻,从全国各地甚至是海外奔赴延安:鲁迅先生身边的一些革命文艺工作者,瑞金中华苏维埃的文艺队伍以及东北作家群奔赴延安;冼星海、张光年、贺敬之等从武汉赶赴延安;在法国留学的艾青、陈学昭也来到延安……那是一个革命的、开放的、

1938 年 5 月,毛泽东在延安鲁迅艺术学院做报告

延安文艺座谈会代表合影

多维的文艺时代,无数的仁人志士、文艺青年带着对革命的热情来到延安,谱写出绚丽的时代华章。没有奔腾的黄河,就没有《黄河大合唱》;没有陕北民歌"信天游",就没有民歌体叙事长诗《王贵与李香香》。延安时期,歌颂大生产运动的《南泥湾》《兄妹开荒》以及农民诗人杨万福的《万丈高楼平地起》、汪庭有的《绣金匾》都是红色经典曲目,广为流传,并传唱至今。

1942年,毛泽东在杨家岭面对文艺工作者发表《在延安文艺座谈会上的讲话》,指出"社会是一切文学艺术取之不尽、用之不竭的唯一的源泉",文艺要为人民服务,要深入到人民生活中。文艺工作者们遵循《讲话》精神,自觉地深入到边区各地,与工农兵打成一片,创作出一大批优秀的作品,如贺敬之的《白毛女》,马健翎的《血泪仇》,马烽、西戎的《吕梁英雄传》,欧阳山的《高干大》、柳青的《种谷记》等。这一时期的文艺作品用革命的人生观作为指导思想,以群众的斗争生活为表现对象,同时注重在精雅文化、民间文化、地域文化中汲取营养,并使之结合。中华人民共和国成立后,陕西文学继承了延安文学的精神，紧跟党的方针、路线、政策。杜鹏程的《保卫延安》、李若冰的《柴达木手记》、王汶石的《风雪之夜》、柳青的《创业史》，还有魏钢焰的诗歌，都是讴歌社会主义革命和建设的力作，是与《讲话》精神一脉相承的作品。

就这样，延安新文艺运动，从陕北的窑洞里逐渐走向各个抗日根据地，再走向全国，奠定了新中国文艺事业的基础。

人物档案

柯仲平

柯仲平（1902—1964），原名柯维翰，笔名仲平。1902年1月25日生于云南省广南县。1926年到上海，在创造社出版部、狂飙社出版部工作，并在建设大学任教。1930年加入中国共产党。后任上海工人纠察队总部秘书、联合会纠察部秘书。1937年到延安，参与倡导街头诗。曾任陕甘宁边区民众剧团团长，陕甘宁边区文化协会副主任、主任。中华人民共和国成立后，历任西北军政委员会文教委员会副主任兼西北人民艺术学院院长，中国作家协会副主席，是第一、二届全国人大代表，第一届全国政协代表。

柯仲平

马健翎

马健翎（1907—1965），陕西省米脂县人。在榆林中学读书时加入中国共产党。1937年在延安师范任教，组织学生成立乡土剧团，兼任编剧和导演，先后创作了话剧《中国的拳头》《上海小同胞》《白胡子老头》、杂耍《小精怪》、京剧《避难图》、秧歌剧《有办法》等，深受陕甘宁边区群众喜爱。1938年5月23日，陕甘宁边区民众娱乐改进会即告成立，马健翎被选为干事。改进会成立之时，即决定组建边区民众剧团，柯仲平为团长，马健翎为编导主任。延安时期是马建翎的创作高峰期，先后创作了《十二把镰刀》《血泪仇》《一家人》《穷人恨》等剧本。

马健翎

基地链接

延安鲁迅艺术学院

鲁迅艺术学院是抗日战争时期中国共产党为培养抗战文艺人才而创办的一所综合性文学艺术学校，1940年后更名为"鲁迅艺术文学院"，简称"鲁艺"。

1938年4月10日，鲁迅艺术学院在延安成立，这是中国共产党在延安创办的第一所培养抗战文艺干部的高等学府。毛泽东为鲁艺题写了校训：紧张、严肃、刻苦、虚心，并题词"抗日的现实主义，革命的浪漫主义"。鲁艺的教育方针是：团结与培养文学艺术的专门人才，致力于新民主主义的文学艺术事业。1939年夏，中共中央为加强华北敌后文化工作及文艺干部的培养，派沙可夫等人率领鲁艺部分干部奔

1938年4月28日，毛泽东在鲁艺的窑洞前空地上对全体师生做重要讲话

桥儿沟鲁艺校门口

赴晋察冀抗日根据地，联合陕北公学等校创办华北联合大学。11 月，根据中央的决定，留在延安的鲁艺部分师生恢复鲁艺。1943 年 4 月，鲁艺并入延安大学，组建延安大学文艺学院。1945 年抗战胜利后，鲁艺迁往东北。在延安 7 年半的时间里，鲁艺开办了文学、戏剧、音乐、美术等系，培养学生 685 人。鲁艺还创作了诸如《白毛女》《南泥湾》《黄河大合唱》等一大批极富影响力的作品，活跃了敌后抗日根据地军民的文化生活，振奋了中国军民的抗战热情，为抗日战争的胜利做出了积极贡献，并对中国现代文学艺术产生了深远的影响。

桥儿沟鲁艺旧址，即中共六届六中全会旧址，已被公布为全国重点文物保护单位。该旧址现存教堂 1 座，即鲁艺礼堂，这是当时延安唯一的西方罗马式建筑；鲁艺各系及工作人员住过的石窑洞 52 孔、瓦房 15 间。

舞台剧《延安保育院》

《延安保育院》是陕旅集团在延安打造的弘扬主旋律、传递正能量的大型红色历史舞台情景剧，是一部小题材、大境界，小故事、大精

《延安保育院》剧照

神的主旋律作品,是一曲延安精神的伟大颂歌。《延安保育院》根据真实历史故事改编而成,集中展现了革命后代在保育院健康快乐地成长,随部队转战陕北,以及东渡黄河,走向新中国的感人故事。演出融合了民歌、秧歌、腰鼓等极具地方特色的艺术表现形式,创造出激烈的战争、呼啸的战机、浪漫的星空、垂悬的水瀑等场景,让观众仿佛置身于真实的革命年代。舞台剧《延安保育院》已成为广大党员、群众、青少年学生重温革命历史,传承红色基因,学习延安精神的情景教学课堂。

研学活动导学案

一、活动目标

1. 了解冼星海的生平及《黄河大合唱》的创作背景。

2. 了解鲁艺成立的过程、代表人物及其作品。

3. 通过唱红歌、朗诵红色诗歌等活动，净化心灵，树立坚定的报国理想。

4. 观看舞台剧《延安保育院》，感受革命先辈舍小家为大家的情怀，学习他们无私的奉献精神。

二、课程链接

1. 人教版《语文（七年级）》下册《黄河颂》

2. 部编版《中国历史（八年级）》上册《敌后战场的抗战》

三、活动内容

1. 参观延安鲁迅艺术学院，了解鲁艺在中国现代文学艺术史上的地位。

2. 红歌大联唱《弹起我心爱的土琵琶》《打靶归来》《团结就是力量》《咱当兵的人》《黄河大合唱》。

3. 朗诵《回延安》《王贵与李香香》《黄河颂》《可爱的中国》《永远跟党走》等红色诗歌。

4. 观看舞台剧《延安保育院》,交流心得体会。

四、拓展延伸

1. 聆听《黄河大合唱》《绣金匾》《山丹丹开花红艳艳》等革命歌曲。

2. 观看《白毛女》《血泪仇》《兄妹开荒》《十二把镰刀》等戏剧。

3. 诵读《回延安》《王贵与李香香》等诗歌。

4. 探究:《黄河大合唱》在抗日战争中发挥的作用。(提示:查阅相关文史资料,用翔实的材料论证说明。)

活动记录

研学主题	
研学方式	
知识积累	1.《黄河大合唱》是_____年，由_____创作的伟大作品。 2.1942年，毛泽东在对文艺工作者发表的《_____》中，指出文艺要为人民群众服务。 3.毛泽东为鲁艺题写的校训是_____、严肃_____、虚心。 4.在《讲话》精神的指导下，文艺工作者创作出了一大批优秀作品，如马烽、西戎的《_____》，欧阳山的《_____》，柳青的《_____》。
主要活动	

| 合作探究 | 探究：

1. 延安鲁迅艺术学院成立的意义、代表作家及作品。

2.《在延安文艺座谈会上的讲话》对中国现代文学的影响。

（提示：先自主探究思考，然后小组进行交流，相互补充，记录要点。）

探究方法

要点记录 |

展示交流

选题一：小组用多媒体分享所拍照片，根据照片内容介绍鲁艺或者同学们研学活动的情景。要求声音洪亮，条理清楚，落落大方，尽量脱稿。

选题二：小组代表上台交流合作探究中的一个问题，也可以交流自己小组感兴趣的问题。其他小组可提问、补充、质疑、建议。

选题三：小组用自己喜欢的方式（可以是诵读、主题演讲、讲革命故事等）分享研学的收获。要求各小组全员参与，从不同角度创造性地分享研学收获。

（提示：以上几种展示交流的方式，各小组可任选一种。）

我们组展示交流的内容

我们的创意

心得体会	
活动评价	1. 小组内评价：小组成员对研学活动中各个同学的表现进行评价。大家对我的评价 _____ _____ _____ _____ 2. 自我评价：根据下面的六项内容，回顾研学过程中自己的表现，按照优秀（五颗星）、良好（四颗星）、一般（三颗星）、有较大提升的空间（一至两颗星）的标准进行自我评价。 团结协作 _____　　创新精神 _____ 自理能力 _____　　沟通分享 _____ 出行纪律 _____　　实践能力 _____

延安精神

讲 述

当年，中共中央和中央红军到达陕北时，处境是相当险恶的，蒋介石断定共产党支撑不了多久，时人也对共产党不抱什么希望。但随着岁月的流逝和历史的变迁，共产党不仅立身了，而且发展了，更加强大了，乃至敢于同庞大的国民党军较量，只用了三年多一点的时间就将其击溃并夺取了全国政权，让苏联"老大哥"惊奇，使美英政府惊诧，更令蒋介石惊恐！个中原因何在？就是因为延安和陕甘宁边区已经成为当时中国的精神高地。

延安精神是对建党精神、井冈山精神、长征精神的继承和发展，其原生形态是"抗大精神""南泥湾精神""整风精神""延安县同志们的精神""劳模精神""白求恩精神""张思德精神"等，是中国共产党性质和宗旨的集中体现，是中国共产党优良传统和作风的集中体现，是中国共产党人崇高品德和伟大情怀的集中体现。

延安精神是以坚定正确的政治方向为灵魂的进取精神。延安时期，以毛泽东为代表的共产党人不仅明确提出了坚定正确的政治方向的要求，而且在深入研究半殖民地半封建社会基本国情的基础上，科学揭示了只有经过新民主主义阶段才能到达社会主义的"历史必由之

西北革命根据地部分领导人合影

陕甘宁苏区一隅

路",并遵循这个"正确的政治方向",不但制定和实行了新民主主义革命总路线和总纲领,而且随着形势的发展变化制定了具体的方针政策,成功地解决了民族独立和人民解放的根本问题,先后夺取了抗日战争和解放战争的伟大胜利,为中国未来的一切发展进步创造了根本前提。

延安精神是以解放思想、实事求是为精髓的求实精神。延安时期,以毛泽东为代表的共产党人,一方面以研究中国革命实际问题为中心,以总结中国革命实践经验为基础,坚持马克思主义中国化的理论创新,实现了马克思主义同中国实际相结合的历史性飞跃;另一方面,从认识论和方法论的高度批判主观主义,既防"左"又反右,经过延安整风运动分清了"创造性的""香的""活的"马克思主义同"教条式的""臭的""死的"马克思主义的根本区别。正如毛泽东所言:"过去革命经过多少年,到延安之后才找到既不是陈独秀的'右'倾,也不是后来的'左'倾,而是不'左'不'右'之倾,那是花了很大代价才找到的。"

延安精神是以"全心全意为人民服务"为宗旨的奉献精神。延安时期,党不仅明确提出了"全心全意为人民服务"的根本宗旨,而且实行了"从群众中来,到群众中去"的根本工作路线,以新制度和新政策的保证作用,以思想政治工作的教育作用,以英雄模范人物模范行为的激励作用,以建立群众团体的组织作用,把广大人民群众紧密团结和凝聚起来,在政府与人民之间、人民与人民之间,成功地构建起民主平等、和谐公正的社会氛围,以政治清明、社会进步、人民安居乐业而著称于世。就连当年到延安访问的外国人士也颇有感触地说,在延安听到的最多的词就是"人民","到人民中去""向人民学习",这些口号包含着更深的意义,代表着一种极深的感情和最终的信念。

延安精神是以自力更生、艰苦奋斗为标志的创业精神。延安时期，中国共产党一方面要以弱小力量战胜强大之敌，另一方面又要克服最严重的经济困难；一方面要同国民党顽固派进行特殊形式的斗争，另一方面又要应对共产国际和苏联党对中国共产党内部事务的干涉。面对这种新挑战和新考验，党以坚强的民族自尊心和自信心，坚持独立自主，把革命胜利的立足点始终放在自力更生的基础上；以"欲与天公试比高"的英雄气概，把最严峻的形势看作"黎明前的黑暗"，将强大的敌人视为"纸老虎"，顽强拼搏，埋头苦干，征服了一切敌人和困难；以革命乐观主义的情怀，立足于"永久奋斗"，大力倡导谦虚谨慎和发扬"愚公移山"精神，形成了艰苦奋斗的作风。尤其在抗日战争相持阶段和转战陕北极端困难的条件下，党的领导人和工作人员过着非常清苦的物质生活，锤炼了不畏艰险、顽强拼搏、勇往直前的奋斗精神，永远是我们牢记初心、不负使命的前行动力。

事件回放

确定毛泽东思想为党的指导思想

进入1945年后，日军在华战线全面收缩，处于敌后战场和正面战场的包围之中。1945年4月，在世界反法西斯战争和中国人民抗日战争即将取得胜利的前夜，中国共产党召开了第七次全国代表大会。这次大会的主要任务是组织和保障全中国人民取得抗战的最后胜利，建立一个新民主主义的中国。

1945年4月23日，党的七大在延安杨家岭中央大礼堂开幕。毛泽东在会上做了题为《论联合政府》的政治报告。

中共七大会场

1945年4月24日,毛泽东在七大做《论联合政府》的政治报告

党的七大提出党的政治路线是:"放手发动群众,壮大人民力量,在我党的领导下,打败日本侵略者,解放全国人民,建立一个新民主主义的中国。"

大会强调,当前最重要的是要求立即废止国民党一党专政,建立民主联合政府。大会制定了新民主主义国家在政治、经济、文化方面的纲领,提出了实现中国工业化的宏

《论联合政府》

伟任务。

党的七大把党在长期奋斗中形成的优良作风概括为三大作风,即理论和实践相结合的作风,和人民群众紧密联系在一起的作风,自我批评的作风。

将毛泽东思想确定为党的指导思想并写入党章,是党的七大的历史性贡献。党的七大确定毛泽东思想为党的指导思想,是近代中国历史和人民革命斗争发展的必然选择。20世纪初期,灾难深重的中国人民在长期的革命斗争中,经过反复的比较鉴别,终于选择马克思列宁主义作为自己的思想武器。毛泽东思想作为中国化的马克思主义理论成果,是在党领导人民艰苦奋斗的基础上,通过总结正反两方面的经验,在实践中逐步形成的。它在土地革命战争后期和抗日战争时期得到系统总结和多方面展开而达到成熟。它是中国共产党集体智慧的结晶。而毛泽东是马克思主义中国化的伟大开拓者,毛泽东思想以独创性的理论丰富和发展了马克思列宁主义。毛泽东思想的形成和发展,实现了马克思列宁主义基本原理同中国革命实际相结合过程中的第一次历史性飞跃。

党的七大之后,全党同志在毛泽东思想的指引下,团结一致,为夺取抗日战争的最后胜利和新民主主义革命在全国的胜利英勇奋斗。

人物档案

张闻天

张闻天

张闻天（1900—1976），化名洛甫，上海南汇人。杰出的无产阶级革命家、政治家和理论家。中国共产党的重要领导人之一。曾任中共中央政治局委员、中央书记处书记。在遵义会议上拥护毛泽东的正确主张，被推举为中共中央总负责人（总书记）。七届一中全会当选中央政治局候补委员。中华人民共和国成立后曾任外交部副部长等职。

任弼时

任弼时（1904—1950），原名培国，湖南汨罗人。伟大的马克思主义者，无产阶级革命家、政治家、组织家，中共中央主要领导人之一。曾任中央政治局委员、红二方面军政委、八路军政治部主任、中共中央秘书长。中共七届一中全会上当选中央政治局委员、书记处书记等职。被叶剑英誉为党的"骆驼"。

任弼时

基地链接

杨家岭革命旧址

杨家岭革命旧址为1938年11月至1947年3月中共中央驻地，位于延安城西北2千米处。对外开放了杨家岭毛主席的菜园、杨家岭毛主席旧居、中央大礼堂、杨家岭中央会议厅旧址、杨家岭中央招待所等场所。毛泽东在这里写有《中国革命和中国共产党》《新民主主义论》《在延安文艺座谈会上的讲话》等多篇重要文章。1945年在此召开了中共六届七中全会，通过了《关于若干历史问题的决议》。1945年4月23日，中国共产党第七次全国代表大会也在此处召开。

杨家岭革命旧址

在杨家岭革命旧址中，有一座中西合璧式的建筑物——中央大礼堂。杨家岭中央大礼堂是中国共产党第七次全国代表大会的召开地。走进中央大礼堂，里面的陈设仍然保持着1945年七大召开时的场景。主席台正中是毛泽东、朱德的巨幅画像；会场后面的墙上悬挂着"同心同德"四个大字；两侧墙上悬挂着"坚持真理""修正错误"等标语；靠墙边插着24面红旗，象征着中国共产党24年的奋斗历程；插红旗的"V"形木座是革命胜利的标志；在主席台的正上方，悬挂着一条引人注目的横幅："在毛泽东的旗帜下胜利前进！"

王家坪革命旧址

王家坪革命旧址位于延安城西北，隔延河与城相望，依山傍水、环境优美。中共中央军委和总部机关在这里领导八路军、新四军坚持了八年抗战。1943年，军委和总部机关的工作人员自己动手修建了军委礼堂，位于王家坪旧址入口处，是七间高大宽敞、四角翘起的大瓦房，可容纳近千人。在军委礼堂东侧有两间平房，作为毛泽东主席的会客

王家坪革命旧址

室。会客室东面的土坡下有两孔石窑洞,是毛泽东旧居,分别是办公室和寝室。门前有一石桌,是毛泽东送他的长子毛岸英到农村劳动时谈话的地方。军委礼堂后边的山腰上有两孔面向西南的石窑洞,是王稼祥旧居。胡宗南占领延安时,这里的部分建筑遭到破坏。

1949年,按原样进行了修复,王家坪革命旧址可供参观的有军委礼堂、作战研究室,以及毛泽东、朱德、彭德怀、叶剑英、王稼祥等同志的旧居。这里是全国红色旅游经典景区。

枣园革命旧址

枣园革命旧址位于延安城西北8千米处,是一个园林式的革命纪念地。1944年至1947年3月,中共中央书记处由杨家岭迁驻此地,在此处筹备了中共七大。枣园又名延园,院内树木葱郁、绿草如茵。中央书记处礼堂坐落在园林中央,在枣园内还分布着毛泽东、朱德、周恩来、刘少奇、任弼时、张闻天、彭德怀等中央领导人的旧居。1939年中央社会部在枣园办公,1944年迁往村西,往西3千米处是中央军委三局旧址、展览馆及中央军委三局烈士陵园。

枣园革命旧址

研学活动导学案

一、活动目标

1. 参观杨家岭、王家坪、枣园革命旧址,感受延安精神的内涵。

2. 通过"传承延安精神主题"活动,教育学生将延安精神与日常的学习生活相结合,增强学生的社会责任感和励志成才、报效祖国的远大理想。

3. 深入理解新时代中国共产党人"不忘初心、牢记使命"的深刻含义,教育学生以延安精神为指引,练就过硬本领,努力成为全面发展的社会主义建设者和接班人。

二、课程链接

1. 人教版高中《历史(必修3)》中的《毛泽东思想》

2. 人教版高中《历史(必修4)》中的《新中国的缔造者——毛泽东》

三、活动内容

1. 走进杨家岭，参观毛泽东菜园、旧居、中央大礼堂，了解这一时期毛泽东的重要著作以及中共七大的相关情况。

2. 前往王家坪，参观毛泽东、朱德、周恩来故居，学习伟人精神。

3. 聆听延安精神主题宣讲，并宣誓：牢记延安精神，立志振兴中华。

4. 参观枣园革命旧址，开展"传承延安精神主题活动"：开展红色拉歌赛，诵读红色诗词，表演陕北秧歌。

四、拓展延伸

1. 观看纪录片《延安保卫战》《史诗延安》《延安岁月》《延安时代》《延安精神》《永远的丰碑——红色记忆》。

2. 阅读《红星照耀中国》（埃德加·斯诺著）。

3. 阅读《延安精神概览》《延安革命纪念馆陈列集萃》《延安文艺座谈会纪实》《延安时期大事记述》等书籍中的相关资料。

4. 探究：毛泽东思想的形成和发展过程。（提示：查阅相关文史资料，用翔实的材料论证说明。）

研学主题	
研学方式	
知识积累	1. 延安精神是对_____、_____、_____的继承和发展。 2. 延安精神的精髓可以概括为_____。 3. 延安精神以_____为根本宗旨，实行_____的根本工作路线。 4. 1945年4月23日，党的七大召开，毛泽东在会上做了题为_____的政治报告。
主要活动	

合作探究

探究：

1. 中国共产党人坚持"不忘初心、牢记使命"的深远意义。

2. 在新时代，作为一名学生如何继承和发扬延安精神？

探究方法

要点记录

展示交流

选题一：小组用多媒体分享所拍照片，并选择 10 张照片进行具体介绍。要求声音洪亮，条理清楚，落落大方，尽量脱稿。

选题二：小组代表上台交流合作探究中的一个问题，也可以交流自己小组感兴趣的问题。其他小组可提问、补充、质疑、建议。

选题三：小组用自己喜欢的方式（可以是诵读、主题演讲、讲革命故事等）分享研学的收获。要求各小组全员参与，从不同角度创造性地分享研学收获。

（提示：以上几种展示交流的方式，各小组可任选一种。）

我们组展示交流的内容

我们的创意

心得体会	
活动评价	1. 小组内评价：小组成员对研学活动中各个同学的表现进行评价。大家对我的评价_____ _____ _____ _____ 2. 自我评价：根据下面的六项内容，回顾研学过程中自己的表现，按照优秀（五颗星）、良好（四颗星）、一般（三颗星）、有较大提升的空间（一至两颗星）的标准进行自我评价。 团结协作_____　　创新精神_____ 自理能力_____　　沟通分享_____ 出行纪律_____　　实践能力_____

转战陕北

讲 述

1947年,党中央和毛泽东等党的领导人统率千军万马,在陕北黄土高原历经一年零五天的艰苦转战,途经12个县,留驻38个村庄,行程千余公里,留下了三战三捷、真武洞祝捷、王家湾的鱼水情、

转战中的毛泽东

天赐湾转危为安、毛泽东"吃钱钱饭"等故事,演绎了一幕幕震撼世界的活剧,发出了一个个令人振奋的号召,至今仍为人们口口相传。

1947年4月13日,毛泽东、周恩来、任弼时率领中共中央机关转移到靖边县王家湾(今属延安市安塞区),在这里停留50多天。王家湾是一个小村庄,住着十七八户人家,半山坡上有几排窑洞,双羊河绕山北流。毛泽东、周恩来、任弼时、陆定一住在贫农薛如宪的两孔半套窑里。窑洞又小又黑,毛泽东住左边半截,任弼时住右边半截,

周恩来和陆定一住进门的窑洞。后来毛泽东说："胡宗南进攻延安之后，我在陕北和周恩来、任弼时在两个窑洞指挥了全国解放战争。"周恩来进驻西柏坡后也曾说："毛主席是在世界上最小的指挥所里，指挥了世界上最大的人民战争。"在王家湾期间，中共中央和毛泽东领导指挥了羊马河、蟠龙、陇东、三边战役和孟良崮等战役，发出了《关于西北战场的作战方针》的重要指示，起草了《蒋介石已处在全面的包围中》等重要文献，安排召开了真武洞祝捷大会，向各战场发出200余份电报，指挥人民解放战争取得胜利。

1947年6月8日晚，国民党军侦察到中共中央所在地在王家湾，蒋介石即令胡宗南部直扑王家湾。胡宗南部刘戡率4个半旅沿延河北上，先头部队进至距王家湾仅一山之隔的寺湾。中央机关连夜向西北方向转移，于9日转移到靖边县小河村。9日晚在军情紧急的情况下，滂沱大雨中向天赐湾转移，于10日晨转移到天赐湾。这里地形虽好，但村子太小，中央机关人多，不便居住和工作。6月16日，中共中央机关和毛泽东等人重返小河村，在这里住了45天。7月21日至23日，中共中央在这里召开扩大会议（小河会议），研究了全国解放战争由战略防御转入战略进攻形势下，人民解放军的战略部署和各个战场的作战配合等问题，为后来召开的十二月会议做了重要准备。

1947年7月底至8月初，胡宗南所属整编第一军刘戡部奉命向北推进，一部已逼近小河村所在的靖边县一带。毛泽东率领中央机关在8月1日做远距离转移，向西北野战军总部所在地靠近，经过近20天的行军，8月19日到达佳县城西北的梁家岔，在这里迎来了沙家店大捷。23日上午，西北野战军召开旅以上干部会议，毛泽东和周恩来、任弼时从梁家岔赶到会场祝贺。当天下午，毛泽东等又转移到佳县朱官寨宿营，在这里住了将近一个月。

1948年3月23日，毛主席率领战士东渡黄河上岸

毛泽东等在朱官寨期间，是他们转战陕北过程中粮食最困难的一段时间。毛泽东、周恩来等也和当地农民一起，只是吃米糠、秕谷和瓜果合在一起再加几把黑豆片片熬成的"钱钱饭"。9月21日，毛泽东等移驻佳县神泉堡。11月13日，又由神泉堡转移到米脂县杨家沟，在这里住了3个多月，直到离开陕北。

神泉堡坐落在佳芦河以南，依山傍水，宁静秀丽。村南山崖上有两股清凌凌的泉水，日夜长流。中共中央在这里结束了转战陕北时期最艰难的阶段。其间，毛泽东为中共中央起草了关于《解放战争第二年的战略方针》的党内指示，制定了全国各解放区的战略方针。10月10日，毛泽东为中国人民解放军总部起草了《中国人民解放军宣言》，提出"打倒蒋介石，解放全中国"的口号。毛泽东还先后在佳县县城和佳县谭家坪、白云山、吕家坪、阎家峁等地进行调查研究，询问干部的工作，关心群众的生产和生活，帮助群众解决困难、度过灾荒。

杨家沟是陕北最大的村庄，庄子里聚居着马姓大小地主55户。这里的窑洞别具特色，融汇了中西建筑的优点。中央机关和毛泽东等在杨家沟住了4个月，是转战陕北以来居住时间最长的地方。中共中央在这里召开了扩大会议（即十二月会议），毛泽东在会上做了《目前形势和我们的任务》的报告。毛泽东还为中共中央起草了《关于建立报告制度》等文件，为夺取全国解放战争的胜利提供了思想理论和方针政策的指导。

1948年3月，宜川瓦子街战役胜利后，胡宗南进攻陕北的军队受到沉重打击，西北野战军在陕北战场上已稳操胜券，毛泽东和中央机关开始筹备东渡黄河、前往华北的事宜。3月21日，中共中央机关离开杨家沟。23日，毛泽东和中共中央机关从陕西吴堡县川口渡口东渡黄河，进入山西临县。

事件回顾

收复延安

1948年3月，宜川瓦子街战役胜利后，胡宗南进攻陕北的军队受到沉重打击，西北野战军在陕北战场上已稳操胜券，毛泽东和中央机关开始筹备东渡黄河、前往华北的事宜。3月21日，中共中央机关离开杨家沟。23日，毛泽东和中共中央机关从陕西吴堡县川口渡口东渡黄河，进入山西临县。

西北野战军主力进军西府后，胡宗南急令延安、洛川守军南撤。4月21日，驻守延安的何文鼎整编第十七师弃城南逃，被胡宗南侵占了398天的革命圣地延安又回到了人民手中。何文鼎部25日会同洛川守军第六十一旅共约3万人，沿洛白公路南逃。沿途经许光达第三纵队和地方武装的追击，损失惨重，坦克、汽车和榴弹炮、野炮、山炮等重武器全部被解放军缴获。

西府战役历时一个月，西北野战军收复了延安，解放了洛川、旬邑，标志着国共陕北之战的终结。并一度解放西府和陇东14座县城，歼灭蒋军2万余人，缴获大量军用物资，摧毁了宝鸡、蔡家坡、虢镇等地的国民党重要军需工业和军火仓库，扩大了中共和解放军的政治影响，为解放关中创造了有利条件。

人物档案

张宗逊

张宗逊（1908—1998），陕西省渭南县（今渭南市）人，1926年考入黄埔军校并转为中共党员，同年9月，参加毛泽东领导的秋收起义，随毛泽东上井冈山。曾任红十二军军长、红军大学校长兼政委。抗日战争时期任八路军一二〇师三五八旅旅长，1943年率部开赴延安，保卫边区。1945年8月指挥爷台山反击战，挫败国民党军对陕甘宁边区的进攻。1947年任陕甘宁野战集团军司令员，参与了保卫延安、青化砭、羊马河、蟠龙等战役。1949年2月任第一野战军副司令员。中华人民共和国成立后曾任解放军总后勤部部长等职。1955年被授予上将军衔。

张宗逊

基地链接

王家湾革命旧址

王家湾革命旧址

王家湾革命旧址位于延安市安塞县（今安塞区）王家湾乡王家湾村。1947年，中共中央机关和毛泽东、周恩来、任弼时转战陕北期间，在此居住。在战事紧张、国民党追兵日渐迫近的危急关头，毛泽东临危不惧，在此处撰写了《关于西北战场的作战方针》和《蒋介石政府已处在全民的包围中》等文章。其间，中共中央先后就中央城市工作部的任务，开辟国民党统治区第二战场，开展反内战、反迫害、反饥饿的群众运动等问题做出重要指示，还领导西北野战军取得了羊马河战役和蟠龙战役的胜利。

小河会议旧址

小河会议旧址位于榆林市靖边县小河村，包括中共中央扩大会议（小河会议）旧址、毛泽东旧居、旮旯沟会议旧址、小河会议纪念馆等场所。"小河会议"是解放战争处于转折关头的一次重要会议。1947年6月8日至9日、6月17日至8月1日，毛泽东等中共领导人在此居住了47个日夜。

小河会议旧址

杨家沟革命旧址

杨家沟革命旧址位于陕西省米脂县城东20千米的杨家沟扶风寨。现保存较好的革命旧址有：毛泽东、周恩来、张闻天、任弼时、胡乔木、陆定一、叶剑英、彭德怀、杨尚昆、习仲勋等老一辈无产阶级革命家旧居，中共中央十二月会议旧址，西北野战军高级干部军事会议旧址等，中共中央政治部、情报局、新华社、广播电台、解放日报社、西北局、战地医院、供销科、保卫科、后勤处、参谋部等重要革命旧址。

杨家沟革命旧址

研学活动导学案

一、活动目标

1. 了解中央红军转战陕北的经历,学习红军坚定的革命信念和卓越的革命智慧。

2. 聆听党中央和毛泽东转战陕北期间的伟大事迹,激发同学们的民族自豪感和爱国热情。

3. 参观小河会议旧址,了解小河会议的内容及其历史意义。

4. 拜访杨家沟革命先辈旧居和中共中央机关旧址,激励同学们继承老一辈无产阶级革命家的遗志,好好学习,发愤图强,把祖国建设得更美好。

二、课程链接

1. 部编版《中国历史(八年级)》上册《内战爆发》
2. 人教版高中《历史(必修1)》中的《解放战争》

三、活动内容

1. 前往王家湾革命旧址，聆听讲解，接受理想教育。
2. 参观小河会议旧址，探寻革命先烈的奋斗足迹。
3. 拜访杨家沟伟人旧居和中共中央机关旧址，学习伟人精神。
4. 重走红军路，开展5公里野外拉练活动。

四、拓展延伸

1. 观看电视剧《转战陕北》《保卫延安》相关片段，文献纪录片《延安保卫战》。
2. 阅读长篇小说《保卫延安》（杜鹏程著）。
3. 探究：陕北开发建设红色旅游项目的意义。（提示：查阅相关文史资料，用翔实的材料论证说明。）

活动记录

研学主题	
研学方式	
知识积累	1. 在王家湾期间，中央和毛主席指挥了羊马河、_____、陇东、三边战役和_____战役，起草了《_____》等重要文献。 2. 小河会议指出，全国解放战争由_____转入战略进攻。 3. 在神泉堡，毛泽东起草了《中国人民解放军宣言》，提出"_____"的口号。
主要活动	

合作探究

探究：

1. 毛泽东留在陕北与胡宗南部周旋，对于推进解放战争进程有着怎样的意义？

2. 陕北的风土民俗。

探究方法

要点记录

展示交流

选题一：小组用多媒体分享所拍照片，根据照片内容介绍王家湾革命旧址、小河会议旧址、杨家沟革命旧址以及同学们研学活动的情景。要求声音洪亮，条理清楚，落落大方，尽量脱稿。

选题二：小组代表上台交流合作探究中的一个问题，也可以交流自己小组感兴趣的问题。其他小组可提问、补充、质疑、建议。

选题三：小组用自己喜欢的方式（可以是诵读、主题演讲、讲革命故事等）分享研学的收获。要求各小组全员参与，从不同角度创造性地分享研学收获。

（提示：以上几种展示交流的方式，各小组可任选一种。）

我们组展示交流的内容

我们的创意

心得体会	
活动评价	1. 小组内评价：小组成员对研学活动中各个同学的表现进行评价。大家对我的评价 _____ _____ _____ _____ 2. 自我评价：根据下面的六项内容，回顾研学过程中自己的表现，按照优秀（五颗星）、良好（四颗星）、一般（三颗星）、有较大提升的空间（一至两颗星）的标准进行自我评价。 团结协作 _____　　创新精神 _____ 自理能力 _____　　沟通分享 _____ 出行纪律 _____　　实践能力 _____

责任编辑 / 琚　婕
装帧设计 / 泽　海

绿色印刷产品

献礼中国共产党成立 100 周年

中小学生研学实践教育手册

红色研学在陕西

西安市中小学校外综合实践活动基地 编

（下册）

西北大学出版社

·西安·

目　录

播撒火种 …………………………… 1

渭华起义 …………………………… 15

照金岁月 …………………………… 31

马栏纪事 …………………………… 47

红二十五军长征入陕 ……………… 63

西安事变 …………………………… 78

陕西军民齐抗战 …………………… 95

红色堡垒 …………………………… 111

智取华山 …………………………… 125

扶眉战役 …………………………… 140

播撒火种

讲 述

1919年5月4日，五四运动爆发。这是一场伟大的爱国运动、社会革命运动、思想启蒙运动，它孕育了爱国、进步、民主、科学的五四精神，拉开了中国新民主主义革命的序幕，促进了马克思主义在中国的传播，推动了中国共产党的建立，在近代以来中华民族追求民族独立和发展进步的历史进程中具有里程碑的意义。

在武汉参加了五四运动的陕籍学生王尚德成了陕西早期的马克思主义传播者。他为了共产主义事业，不惜变卖家产，奋斗不息，直至牺牲。

1925年11月，陕西早期的农民协会——渭南县东张村乡农民协会成立，这是将陕西农民组织起来的号角，是农民觉悟的先锋。东张村乡农

1925年11月22日，陕西省第一个农民协会在东张村成立

民协会的成立，预示着陕西大革命风暴的到来。1926年春，镇嵩军军阀刘镇华率"十万人马"再次入陕，在渭南下令通缉共产党人，王尚德被迫离陕到上海。不久，经恽代英介绍转赴广州，任黄埔军校政治部宣传科科员，协助恽代英、王懋廷等工作。7月，国民革命军誓师北伐。9月，冯玉祥部在绥远五原誓师，组成国民军联军，准备南下陕甘，先解西安城围，再挥师东进，配合国民革命军北伐。中共组织为加强冯玉祥部的工作，派王尚德、刘志丹等一批优秀党员由广州出发，去国民军联军任职，王尚德被派到第五路军政治处任宣传科科长，与政治处处长方仲如一起举办军官政治训练班，成立政治研究会，为提高联军部队的素质做了大量工作。1927年初随第五路军到达西安，被选为国民党陕西省党部执行委员兼农民部部长，并负责筹备建立省农民协会，接着又兼任国民军联军驻陕总司令部印刷局局长。在他的领导下，印刷局出版了不少马克思主义著作和革命报刊，特别是《陕西国民日报》《新国民军报》的出版和发行，对陕西地区的革命起了重要推动作用。7月，冯玉祥追随蒋介石在陕西"清党"反共，白色恐怖笼罩西安。王尚德按照中共组织的指示，回到家乡渭南赤水转入地下斗

1936年8月，赤水农业职业学校教职员暨第一届新生合影

争。1928年5月参加了渭华起义,起义失败后匿居河南唐河。1934年回赤水继续办学,从事秘密工作。

赤水农业职业学校旧址

1937年8月中共中央洛川会议后,王尚德积极投入抗日救亡运动,他在赤水镇组织成立抗敌工作团、抗敌后援会,把新建的赤水农业职业中学的师生员工200余人编成一个民众抗日大队,亲任大

赤水职业中学(原私立赤水初等职业学校)

队长,并聘请有经验的中共党员军事干部赵全璧任副大队长。他利用社会关系,从渭南县政府和地方上搞到一批武器,全大队每人一支枪,带领学生进行严格的军事训练,还给学生讲授毛泽东的《论持久战》,并对学生说:"延安办抗大,我们要向延安学习,办赤大。"赤水农职的许多学生都奔向延安,有的人后来成为领导骨干。1941年5月29日,王尚德被国民党胡宗南部逮捕,直到1945年8月由西北文化日报社具保获释,回到家乡后继续办学,坚持革命斗争。1946年8月,王尚德被国民党便衣特务杀害。

事件回放

共进社与《共进》杂志

民国初年的陕西社会，教育滞后，人们思想闭塞。陕西学子进入北京、上海、天津等地学习后，迎面而来的各种新思潮使他们目不暇接，颇受震动。受新文化运动影响，旅外陕籍学生创办的以陕西为主要发行区域的刊物日渐增多。他们在逐步接受新思潮和马克思主义思想的启蒙后，又通过各种方式向陕西传播，其中影响最大的就是《共进》杂志与共进社。

《共进》杂志

1921年10月,旅京的陕籍进步学生刘天章、李子洲、杨钟健、杨晓初、赵国宾、刘含初、呼延震东等人,组建《共进》杂志社,并于当月出刊。《共进》杂志以"提倡桑梓文化,改造陕西社会"为宗旨,刊登了大量揭露封建军阀黑暗统治的文章,文章笔锋犀利,针砭时弊,鼓动性很强。为了扩大影响,他们在《共进》杂志创刊一周年之际,于1922年10月发起成立了陕西旅京学生的进步社团组织——共进社。共进社和《共进》杂志明确把政治改造当作社会改造的先决条件,一开始就将矛头对准当时统治陕西的军阀刘镇华。《共进》杂志开辟专栏,以各种体裁的文章,对刘镇华祸陕罪行进行了无情的揭露,号召陕西人民通过"罢税、罢工、罢市、罢学"等运动"群起而攻之",得到陕西社会舆论的广泛同情与支持。

在中国共产党的影响下,《共进》杂志在评论陕政和介绍民主思潮的同时,也旗帜鲜明地刊载宣传马克思主义、歌颂十月革命的文章,逐渐有了明确的政治方向。1922年6月15日,《共进》第十七期上刊登了《中国共产党对于时局的主张》一文,接着又多次刊登中共机关刊物《向导》的目录,并转载中共领导人的文章,积极宣传党的民主革命纲领。此外,在介绍各国革命经验和马克思主义观点的同时,还结合当时的局势,分析了中国的社会、政治、经济等状况,提出了改造社会、革新陕西政治和教育的主张。由于《共进》杂志行销范围遍及京、津、沪、汉及开封、南通等大中城市,在陕西的西安、三原、渭南、华县、榆林、绥德、延安、南郑等地影响也比较大,对革命运动的发展起到了积极的推动作用。

人物档案

刘天章

刘天章（1893—1931），陕西省高陵县（今西安市高陵区）人，中国共产党早期领导人之一。1918年夏考入北京大学，1919年作为北大学生会负责人之一参加了五四运动。1920年1月，刘天章与杨钟健、李子洲等人发起，将陕西旅京学生团改名为旅京陕西学生联合会。1921年7月，中共一大后，经李大钊介绍加入中国共产党。10月，刘天章与

刘天章

杨钟健、李子洲等商议，创办以"提倡文化、改造社会"为宗旨的《共进》半月刊。一年后又以《共进》半月刊为基础成立了共进社，并任共进社常任主席和《共进》半月刊编辑主任。1927年，中共陕甘区执行委员会成立后，刘天章与魏野畴共同负责区委的宣传工作，而在此前不久的1926年12月，中共陕西地方组织领导刘天章等在西安创办《国民日报》。1930年，刘天章又被派往山西恢复和发展党的组织。1931年10月因叛徒出卖，刘天章被捕，同年11月13日在太原英勇就义，终年38岁。

魏野畴

魏野畴（1898—1928），陕西省兴平县（今兴平市）人，1917年考入北京高等师范学校，在校期间，参加了五四爱国运动和李大钊领导

的革命活动。1920年加入中国社会主义青年团。1921年，他和杨钟健、李子洲、刘天章等人发起组织陕西旅京学生联合会，创办了以"唤起陕人之自觉心"为宗旨的《秦钟》月刊杂志。也是在这一年，他写成了长达15万字的《中国近世史》，初步运用马克思主义的立场、观点和方法解释中国近代的历史。1927年7月，中共陕甘区委改为陕西省委，魏野畴任陕西省军委书记。1928年4月9日，魏野畴在皖北召开中共特委扩大会议，成立中共皖北临时特委并任书记，决定在皖北举行武装起义，建立豫皖平原根据地。但是，由于宋建勋叛变，起义失败，魏野畴在突围中不幸被俘，后被杀害，年仅30岁。

魏野畴

基地链接

王尚德烈士陵园

王尚德烈士陵园位于渭南市临渭区城区以东10千米处，占地13000多平方米，园内安葬着王尚德烈士以及渭华起义、抗美援朝、对越自卫反击战、现代化建设等不同时期的烈士310余名。主要建筑有王尚德烈士纪念馆、临渭区革命烈士陈列室、散葬烈士纪念区、烈士英名录纪念碑、祭奠烈士广场和烈士浮雕广场，是渭南市重点烈士纪念建筑物保护单位和爱国主义教育基地。

王尚德

王尚德烈士陵园

王尚德烈士纪念馆

研学活动导学案

一、活动目标

1. 了解早期在陕西播撒革命火种的革命先烈的事迹及历史意义。

2. 缅怀革命先烈，学习革命历史知识，接受革命传统教育。

3. 通过系列活动，让学生铭记历史，感受革命烈士为了国家"抛头颅、洒热血"的爱国情怀。

4. 探究革命精神的内涵，将学习革命精神与生活实际相结合，用自己的行动将革命精神发扬光大，为中华民族的伟大复兴贡献自己的力量。

二、课程链接

1. 部编版《中国历史（八年级）》上册《新文化运动》《五四运动》

2. 人教版高中《历史（必修1）》中的《新民主主义革命的崛起》

三、活动内容

1. 缅怀革命先烈。在王尚德烈士丰碑前，学生献词，立志要肩负起历史责任和使命，学习革命先烈的爱国精神，以自身的实际行动告慰先烈的英灵；学生代表向王尚德烈士丰碑敬献花圈，低头默哀，表示对烈士的敬仰与怀念。

2. 参观王尚德烈士纪念馆。在解说员的讲解下，了解王尚德烈士的英雄事迹。

3. 献花活动。学生来到烈士纪念碑前，敬献小白花，擦拭纪念碑，并清理周边的杂物，表示对烈士的敬意。

4. 观看爱国主义教育短片。学生参观完烈士陵园后，通过观看爱国主义教育短片，增强爱国情感。

5. 讲革命故事。小组内学生讲有关王尚德、刘天章、魏野畴等早期在陕西播撒革命火种的革命者的故事，每组的优胜者在全班进行分享交流。

6. 诗歌朗诵。在烈士浮雕广场上开展爱国主义诗歌朗诵活动，追忆革命先烈。

四、拓展延伸

1. 观看优秀党员教育电视片《火种》。
2. 观看人民网专栏《为了民族复兴·英雄烈士谱》。
3. 观看电影《建党伟业》相关片段。
4. 探究：革命烈士无私奉献精神的力量源泉和历史作用。（提示：查阅相关文史资料，用翔实的材料论证说明。）

播撒火种 11

研学主题	
研学方式	
知识积累	1. 在武汉参加了五四运动的陕籍学生＿＿＿＿＿＿成了陕西早期的马克思主义传播者。他为了共产主义事业，不惜变卖家产，奋斗不息，直至牺牲。 王尚德烈士陵园位于＿＿＿＿＿＿＿＿＿＿，主要建筑有＿＿＿＿＿＿＿＿＿＿＿＿＿、临渭区革命烈士陈列室、＿＿＿＿＿＿＿＿＿＿＿＿＿、烈士英名录纪念碑、＿＿＿＿＿＿＿＿＿＿和烈士浮雕广场，是渭南市重点烈士纪念建筑物保护单位和＿＿＿＿＿＿＿＿＿＿＿。 2. 1921年10月，旅京的陕籍进步学生＿＿＿＿＿＿＿＿、李子洲、杨钟健、杨晓初、＿＿＿＿＿＿＿＿＿、刘含初、呼延震东等人，组建《共进》杂志社，刊登了大量揭露封建军阀黑暗统治的文章，对革命运动的发展起到了＿＿＿＿＿＿＿＿作用。

主要活动	
合作探究	探究：选择陕西早期播撒革命火种的一位英雄人物，从其事迹中探究革命精神内涵。（先自主探究思考，然后小组进行交流，相互补充，记录要点。） 探究方法 要点记录

展示交流	选题一：小组用多媒体分享所拍照片，并选择 10 张照片，介绍照片背后的故事。要求声音洪亮，条理清楚，落落大方，尽量脱稿。 选题二：小组代表上台交流合作探究中的问题，也可以交流自己小组感兴趣的问题。其他小组可提问、补充、质疑、建议。 选题三：小组用自己喜欢的方式（可以是诵读、主题演讲、讲革命故事等）分享研学收获。要求各小组全员参与，从不同角度创造性地分享研学收获。 （提示：以上几种展示交流的方式，各小组可任选一种。） 我们组展示交流的内容 我们的创意

心得体会	
活动评价	1. 小组内评价：小组成员对研学活动中各个同学的表现进行评价。大家对我的评价 _____ _____ _____ _____ _____ 2. 自我评价：根据下面的六项内容，回顾研学过程中自己的表现，按照优秀（五颗星）、良好（四颗星）、一般（三颗星）、有较大提升的空间（一至两颗星）的标准进行自我评价。 团结协作 _____　　创新精神 _____ 自理能力 _____　　沟通分享 _____ 出行纪律 _____　　实践能力 _____

渭华起义

> **讲 述**

1926年冬至1927年春，大革命在全国进入高潮。在革命形势迅速发展的情况下，帝国主义加紧干涉中国革命，国民党右派加紧勾结帝国主义，篡夺革命领导权。1927年4月12日蒋介石在上海发动反革命政变，7月15日汪精卫在武汉亦发动反革命政变，血腥屠杀共产党人和工农群众，大革命遂告失败。

大革命失败后，中国共产党在陕西关中东部的渭华地区（渭南、华县）的组织还是基本保存了下来。1928年初，按照中共中央"武装暴动，推翻地主军阀统治，建立苏维埃政权"的指示，中共陕西省委加紧进行武装起义的准备工作。1928年2月29日，在中共渭南县委

渭华起义指挥部砖铺标语

的领导下，渭南县城西北 4 千米处的槐衙村爆发了群众、学生反对当地反动分子破坏教育活动的"宣化事件"。义愤填膺的群众、学生处死了捣毁中共区委所在地——宣化观小学的反动豪绅刘铭初和薛明璋。这一事件遭到国民党当局的残酷镇压，中共活动据点渭南县中学和渭南东关小学被封闭，党团员及革命群众 40 多人被捕。中共渭南县委决定将党、团组织转移到农村，帮助整顿农民协会，联合人民群众开展反帝反封建宣传，建立农民武装。这时，陕西将领李虎臣发动了反对冯玉祥的战争，动摇了冯玉祥在陕西的反动统治。中共陕东特委认为时机已经成熟，遂根据陕西省委的指示，于 1928 年 5 月 1 日组织农民群众在渭南县崇凝镇举行群众大会，渭华起义正式拉开战幕。

当天，渭南县东原上千名农民和学生，手持武器和小旗，从四面八方拥向崇凝镇街南大庙戏台前集合，以纪念五一国际劳动节。会场

1928 年 5 月，渭华起义时召开群众大会的情景

渭华起义总指挥部旧址

周围张贴着"实行耕者有其田""大家吃,大家干,大家的事大家办""有土皆豪,无绅不劣"等醒目的标语。大会宣布崇凝区苏维埃政府成立,陕西第一个革命政权光荣诞生了。

在崇凝区苏维埃的鼓舞下,渭华各地纷纷举行群众大会,建立区、乡、村苏维埃政权。仅仅一个多月,华县高塘、大明、圣山,渭南县崇凝、阳郭、三张等地国民党政权先后覆灭,地主土豪纷纷逃往县城或西安,渭华原上的革命如星星之火,迅速形成燎原之势。5月7日,李虎臣部共产党员许权中率领的一个旅,由洛南被调往潼关与冯玉祥部作战。5月10日,李虎臣部战败。当晚,刘志丹、唐澍、许权中率部向渭华地区进发,部队抵达华县瓜坡镇,宣布起义,举起工农革命军的红旗。不日，起义部队到达高塘，陕东赤卫队、农民协会及各界群众万余人参加了大会。会上宣布西北工农革命军成立。西北工农革命军以刘志丹为军委主席，唐澍为总司令，王泰吉为参谋长，吴浩然为军党委书记，许权中任军事顾问。在党的领导下，渭华人民和起义军在渭华原上，打土豪、分财物，建立苏维埃政权，使起义烽火席卷了渭华大地，迅速形成以华县高塘、渭南塔山为中心，东至少华山，西至临潼东，南至秦岭北麓，北及渭河两岸，方圆200多平方千米，先后建立48个区、村苏维埃，拥有数十万人口的红色武装割据区域。基层苏维埃政府办起平民学校、农民夜校和儿童团，组织群众学文化，提倡男女平等，禁止妇女缠足。红色区域呈现出一派新气象。

渭华起义雕塑

渭华起义像一声春雷，震惊了西北大地。国民党反动派迅速组织反扑，妄图将革命力量一举消灭。起义军与国民党军队发生过三次大规模战斗，结果在第三次战斗中，起义军因敌众我寡，在近一个月的残酷战斗后，总司令唐澍英勇牺牲，渭华起义失败。

渭华起义是土地革命战争初期共产党人在陕西领导的影响和规模最大的一次起义，是开创农村革命根据地的一次伟大尝试。它不仅是陕西和西北的重大革命事件，也是当时全国的重大事件。这次起义虽然失败了，但它为以后西北革命根据地的创建积累了经验，锻炼了干部。

事件回放

渭华起义的历史背景

鸦片战争之后，中国逐渐沦为半殖民地半封建社会，深受帝国主义的压迫。1911年辛亥革命爆发，革命之火席卷中华大地。1912年，清宣统皇帝宣布退位，清朝灭亡，统治中国2000多年的封建君主专制制度终于结束，举国欢庆。但革命的果实却被袁世凯窃取，中华大地依旧笼罩在帝国主义压迫的阴霾下，国内军阀割据，人民苦不堪言。

1924年，为了彻底推翻封建主义、帝国主义，打倒军阀，结束中华大地纷乱的局面，中国共产党和中国国民党合作，为革命事业并肩作战。国共合作实现之后，工农运动得到了迅速恢复与发展。北伐军连克孙传芳、吴佩孚部，上海工人第三次武装起义爆发，革命事业节节胜利，国家即将实现统一。

正当革命如火如荼之际，1927年4月12日，蒋介石叛变革命，在上海发动政变，大肆捕杀共产党员和革命群众；5月21日，许克祥在

渭华起义（油画）

长沙发动"马日事变"；7月15日，汪精卫在武汉发动政变，残酷镇压革命，叫嚣"宁可错杀一千，不可漏网一人"，大肆逮捕、屠杀共产党员和革命群众。由于蒋介石、汪精卫等人的背叛，轰轰烈烈的大革命运动失败。九州大地血流千里，四万万民众悲愤恸哭。

面对国民党的血腥屠杀，共产党不畏强暴，于8月7日在汉口召开了紧急会议，决定反抗国民党的反动统治，实行工农武装割据，开展土地革命。1927年，先后发动了南昌起义、秋收起义、广州起义，沉重地打击了国民党反动统治的嚣张气焰。

大革命失败以后，陕西地区的反动当局到处捕杀共产党人，白色恐怖笼罩三秦大地。在这种情况下，中共陕西省委根据党的"八七会议"精神，于9月26日召开第一次省委扩大会议，确立了武装反抗国民党反动统治的方针。渭华地区是陕西建立中共党、团组织最早的地区之一，也是大革命时期全省群众运动特别是农民运动最活跃的地区。在冯玉祥"清党"反共时，党的组织受破坏较小，因此，渭华起义就在这样的环境中慢慢发展成燎原之势。渭华起义是继南昌起义、秋收起义和广州起义之后在全国具有影响的起义之一,在陕西革命史上写下了光辉的一页。

人物档案

史可轩

史可轩(1890—1927),陕西省兴平县人。中国同盟会会员,中华革命党党员,中国共产党党员。1926年率领国民军联军总司令部警卫师,解西安城围,围歼镇嵩军残部。1927年创办西安中山军事学校。同年在富平美原遭国民第二军师长田春生杀害。

史可轩

许权中

许权中(1894—1943),陕西省临潼县(今临潼区)人。大革命时期,投笔从戎,参加以于右任为总司令的靖国军。1925年加入中国共产党,先后任国民军第二军营长、团长、旅长。曾任西安中山军事学校学员队总队长,参加过渭华起义,是西安事变主要执行者之一。曾任国民革命军五二九旅旅长,参加华北抗战。1943年12月,在眉县被特务暗杀。

许权中

基地链接

渭华起义纪念馆

渭华起义纪念馆坐落在陕西省渭南市华州区高塘原上。这里地势挺拔,山清水秀,风景宜人;南接秦岭,北临渭水,川原起伏,沟壑纵横,与雄伟高大的渭华起义纪念碑相映生辉。渭华起义是土地革命战争初期西北地区规模最大、影响最广的一次起义,在中国革命斗争史上具有重大意义。这次起义虽然失败了,但起义军民无比英勇的战斗精神,给了中国人民以新的鼓舞。起义的许多领导人和保留下来的武装力量,继续为中国革命事业顽强战斗。

如今的渭华起义纪念馆是中共陕西省委命名的爱国主义教育基地,成为广大人民群众缅怀先烈、进行革命传统和爱国主义教育的场所。馆藏革命文物1400余件,陈列展室7个,起义领导旧居4处。馆内保留了当年起义时具有重要意义的革命遗址5处:西北工农革命军军委

渭华起义纪念馆外景

渭华起义纪念塔（邓小平题词）

渭华起义纪念碑

西北工农革命军军委扩大会议遗址（两棵古槐）　　西北工农革命军军委扩大会议遗址标识碑

烈士殉难井

指挥部、15个砖铺大字、中共华县县委旧址、西北工农革命军军委扩大会议遗址、烈士殉难井。

研学活动导学案

一、活动目标

1. 了解渭华起义发生的历史背景及历史意义。

2. 了解渭华起义的主要领导人及其事迹。

3. 缅怀革命先烈，感受无产阶级革命家艰苦奋斗的作风，学习他们大无畏的革命气概和爱国主义精神。

4. 通过系列活动，认识到中国革命的胜利来之不易，增强学生的历史使命感和社会责任感，树立正确的世界观、人生观和价值观，同时引导学生继承先辈理想，为实现中华民族伟大复兴的中国梦而努力学习。

二、课程链接

1. 人教版高中《历史（必修1）》中的《国共的十年对峙》

2. 人教版高中《思想政治（必修3）》中的《我们的民族精神》

三、活动内容

1. 参观渭华起义纪念馆，了解渭华起义发生的时代背景及历史意义，感受革命战士的艰辛与不易，体会他们的奉献精神和爱国精神。

2. 缅怀革命先烈，学生们肃立纪念碑前，默哀致敬，敬献花圈，并庄严宣誓，要好好学习，报效祖国。

3. 参观渭华起义革命遗址，认真聆听革命故事，了解渭华起义的主要领导人及其事迹。

4. 讲讲渭华起义主要领导人的英雄事迹，从中汲取力量，为实现中华民族伟大复兴的中国梦奋发图强。

5. 开展以"铭记先烈志，理想促成长"为主题的演讲比赛，增强爱国之情。

四、拓展延伸

1. 阅读《陕西党史专题资料集（四）：渭华起义》（中共陕西省委党史资料征集研究委员会编）。

2. 观看大型文献纪录片《渭华起义》。

3. 探究：渭华起义的革命精神内涵是什么？（提示：查阅相关文史资料，用翔实的材料论证说明。）

研学主题	
研学方式	
知识积累	1. 中共陕东特委认为时机已经成熟，遂根据中共陕西省委的指示，于1928年＿＿＿＿月＿＿＿＿日组织农民群众在＿＿＿＿＿＿＿＿＿＿举行群众大会，渭华起义正式拉开战幕。 2. 渭华起义是土地革命战争初期共产党人在陕西领导的影响和规模最大的一次起义，是开创＿＿＿＿＿＿＿＿＿＿的一次伟大尝试。它不仅是陕西和西北的重大革命事件，也是＿＿＿＿＿＿＿＿＿＿＿＿。这次起义虽然失败了，但它为以后＿＿＿＿＿＿＿＿＿＿＿＿＿＿＿＿积累了经验，锻炼了干部。

主要活动	
合作探究	探究： 1. 渭华起义的历史背景与历史意义，并根据历史事件阐述。 2. 选择渭华起义中的一位英雄人物，从他的事迹中探究其精神品质。（提示：以上两个问题可选择一题，也可两题都探究。先自主探究思考，然后小组进行交流，相互补充，记录要点。） 探究方法 要点记录

展示交流	选题一：小组用多媒体分享所拍照片，并选择10张照片，介绍照片背后的故事。要求声音洪亮，条理清楚，落落大方，尽量脱稿。 选题二：小组代表上台交流合作探究中的一个问题，也可以交流自己小组感兴趣的问题。其他小组可提问、补充、质疑、建议。 选题三：小组用自己喜欢的方式（可以是诵读、主题演讲、讲革命故事等）分享研学收获。要求各小组全员参与，从不同角度创造性地分享研学收获。 （提示：以上几种展示交流的方式，各小组可任选一种。） 我们组展示交流的内容 我们的创意

心得体会	
活动评价	1. 小组内评价：小组成员对研学活动中各个同学的表现进行评价。大家对我的评价 _____ 2. 自我评价：根据下面的六项内容，回顾研学过程中自己的表现，按照优秀（五颗星）、良好（四颗星）、一般（三颗星）、有较大提升的空间（一至两颗星）的标准进行自我评价。 团结协作 _____　　创新精神 _____ 自理能力 _____　　沟通分享 _____ 出行纪律 _____　　实践能力 _____

照金岁月

讲 述

大革命失败后,陕西的共产党人相继发动了清涧、渭华、旬邑等多次起义。虽然这些起义都以失败告终,但它使革命者认识到了创建革命根据地的重要性。刘志丹、谢子长等人经过艰难曲折的斗争,先后建立起陕甘边和陕北两块革命根据地,又在此基础上扩展,形成了具有重大历史影响的西北革命根据地。照金的故事就从这里开始。

照金全貌

20 世纪 30 年代初的照金土地贫瘠，匪患兵祸交相为害，社会矛盾尖锐，民不聊生，人民群众对革命的渴望异常强烈。1932 年，刘志丹、谢子长等领导的红军陕甘游击队首次来到照金，在这堆"干柴"上点燃了革命的星星之火。

1932 年 8 月，刚刚经历了两当起义失败的习仲勋，在照金见到了刘志丹、谢子长，受到深刻影响。9 月，陕甘游击队打了一场胜仗，决定扩大游击区域，建立革命根据地。

1932 年 12 月，陕甘游击队改编为中国工农红军第二十六军第二团，并按照中央和省委的部署，在照金游击队的配合下，横扫了照金腹地和周边反动武装，初步廓清了照金苏区的环境，并通过外线作战扩大了根据地，逐步形成以照金为中心，横跨耀县（今铜川市耀州区）、淳化、旬邑三县边界的红色区域。这支队伍在照金地区开展了 30 多次分粮斗争。分粮斗争极大地调动了广大群众"闹红"的积极性，扩大了党和红军的影响，为创建以照金为中心的陕甘边根据地奠定了群众基础。

1933 年 3 月初，中共陕甘边特委在照金成立，习仲勋任特委军委书记，同时建立了苏维埃政权——陕甘边革命委员会，习仲勋担任副主席。至此，照金苏区已成为纵横千里、面积 2500 平方千米的革命武装割据区域。

1933 年春，根据地党政领导机关迁驻距照金镇约 5 千米的薛家寨。这里处于桥山山脉南端，海

薛家寨中的红军谷

拔 1600 多米，重峦叠嶂、密林如海，中心地带壁立千仞，地势十分险峻，相传为薛刚反唐时的驻兵之地，由此得名。山寨形似葫芦，东、南、西三面为悬崖绝壁，山坡灌木丛生，仰视不见寨形，细看仅见草丛小道。整座山寨走势雄奇，军事上易守难

薛家寨保卫战（油画）

攻，成为根据地党政军机关驻地。就在 1933 年秋，这里发生了历史上有名的薛家寨保卫战。9 月份，国民党陕西当局向照金苏区发动猛烈进攻。上千敌人兵分几路向薛家寨逼近，企图占领薛家寨，消灭红军。在这危急关头，留寨的红军战士、游击队员、工人和妇女挺身而出，奋勇抗击，打退敌人的多次进攻，取得第一次保卫战的胜利，但游击队总指挥李妙斋在保卫战中不幸中弹牺牲。10 月，国民党当局再次对薛家寨发动更大规模的围攻，在吴岱峰、张秀山的掩护下，习仲勋带领机关转移。国民党军在叛徒陈克敏的带路下进攻薛家寨，薛家寨陷落。陕甘边红军主力北上到甘肃合水一带。

1934 年春，红军和游击队收复照金，照金苏区的革命形势重新高涨起来，区、乡工农政权和党组织相继恢复，一直坚持到全国解放。照金苏区是土地革命战争时期由中国工农红军第二十六军和陕甘边党组织、陕甘边游击队创立的，是中国共产党在西北地区建立的第一个

薛家寨的悬崖峭壁

具有重大影响的革命根据地。它有力地打击了国民党的反动统治,鼓舞了西北人民争取解放的斗志;它牵制了国民党的大量兵力,配合了陕北、渭北、陕南等地区的革命斗争;它也是红二十六军发展壮大、走向胜利的坚强阵地。中国共产党在创建和发展照金苏区的过程中,建立了党的基层组织、红色政权和群众武装,积累了丰富的经验,培养和锻炼了一批坚强的革命骨干,为巩固、发展陕甘边革命根据地打下了坚实的思想基础、干部基础和物资基础。

事件回放

陕甘边革命根据地的建立

陕甘边革命根据地是 20 世纪 30 年代由刘志丹、谢子长、习仲勋等人在陕西省和甘肃省交界地区创建的红色根据地,先后经历了三个中心:寺村塬中心(1932 年 4 月)、照金中心(1933 年 3 月—10 月)、南梁中心(1933 年 11 月—1935 年 2 月)。这三个中心一脉相承,最终形成了以南梁为中心的陕甘边革命根据地,被毛泽东称为聪明的"狡兔三窟"。

1932 年,南梁游击队在林锦庙与转战而来的陕北游击支队会师,合

南梁革命纪念馆

编为"西北反帝同盟军",谢子长任同盟军总指挥,刘志丹任副总指挥,杨仲远任参谋长,全军 700 余人。1932 年 2 月,西北反帝同盟军改编为中国工农红军陕甘游击队,在甘肃正宁县三嘉原一带打土豪、分田地,铲除封建剥削,摧毁封建政权,宣传革命道理。由于红军纪律严明,与群众打成一片,长期遭受兵匪和封建地主压迫的许多陇东青年纷纷参加了陕甘红军游击队。3 月下旬,陕甘游击队建立了陕甘边第一个红色政权——寺村塬革命委员会,从而揭开了创建陕甘边地区革命根据地的序幕。

1933 年初,刘志丹、王世泰等人领导创建了以照金为中心的陕甘边革命根据地,打土豪、分田地,建立红色政权。1933 年 8 月 14 日至 15 日,在陕甘边革命斗争遭受严重挫折,国民党重兵"围剿"照金苏区的危急时刻,中共陕甘边特委在耀县照金陈家坡召开联席会议,会

陈家坡会议旧址

议统一了会聚根据地的各路革命武装的领导,确定了继续坚持并巩固、扩大陕甘边革命根据地的战略方针,使陷入低潮的革命形势出现了新的重大转机,成为陕甘边革命历史上一个生死攸关的转折点。1933年10月,照金失陷后,同年11月3日至5日,以刘志丹为代表的共产党人召开了包家寨会议,会上清算了"左"倾冒险主义的错误,确定了创建红色政权的一系列正确的行动方针和策略。会后,恢复了红二十六军,红四十二师在莲花寺成立,师长为王泰吉。红军在根据地广泛开展游击战争;深

陈家坡会议旧址

入贫苦农民中,宣传革命道理;发动群众、组织群众建立各种群众团体。1934年初,中共陕甘边特委和红四十二师党委在南梁荔园堡召开联席会议,决定恢复陕甘边革命委员会,主席为习仲

创建陕甘边——刘志丹、习仲勋、马文瑞在环县战斗的日子（袁鹏飞/绘）

勋。11月1日,中共陕甘边区特别委员会和陕甘边区革命委员会在南梁荔圆堡召开陕甘边区工农兵代表大会,选举产生了陕甘边区苏维埃政府(亦称南梁政府),主席为习仲勋;会议选举产生了陕甘边区革命军事委员会和赤卫军总指挥部,刘志丹任军委主席,朱志清任赤卫军总指挥。经过军民的浴血奋战,粉碎了敌人的多次进攻和"围剿",壮大了革命力量,使根据地由华池扩展到甘肃庆阳市的合水、庆城、正宁、宁县和陕西的旬邑、淳化、耀县、同官(今铜川市王益、印台区)、宜君、黄陵、富县、甘泉、保安、安塞、定边、靖边等十多个县,数万平方千米的广大地域。

陕甘边区苏维埃政府成立（袁鹏飞/绘）

人物档案

王泰吉

王泰吉（1906—1934），字仲祥，陕西省临潼县人，中共党员，革命烈士。参与领导了麟游起义、渭华起义、耀县起义，成立西北民众抗日义勇军，任总司令，后任陕甘边红军临时总指挥部总指挥，红二十六军第四十二师师长。1934年1月前往豫陕边做兵运工作，途经陕西淳化通润镇时被捕，3月3日在西安就义。1951年，陕西省人民政府在西安革命公园修建了王泰吉纪念亭、纪念碑。

王泰吉

李妙斋

李妙斋（1903—1933），原名玉玺，化名妙斋、华锋、王之宪、王桥山等，山西省汾西县城关镇店头村人。中共党员，陕甘边革命根据地创建者之一，革命烈士。1933年参加蒿店起义，成立中国工农红军陕甘游击队第七支队，并任队长；以红二十六军特派员的身份，建立起照金第一、第二游击队。1933年9月，在薛家寨保卫战中牺牲。

李妙斋

基地链接

陕甘边革命根据地照金纪念馆

以照金为中心的陕甘边革命根据地,是刘志丹、谢子长、习仲勋等共产党人把毛泽东工农武装割据思想与陕甘边具体实际相结合的光辉典范,为西北革命根据地的建立奠定了基础,积累了经验,培养了大批优秀人才。为了缅怀先烈、教育后人、宣传照金革命史、弘扬革命传统,充分发挥照金爱国主义教育基地的作用,在陕西省铜川市耀州区照金镇修建了陕甘边革命根据地照金纪念馆,全面介绍陕甘边革命根据地创建、发展的历史,讴歌了老一辈无产阶级革命家的辉煌业绩。

陕甘边革命根据地照金纪念馆

照金纪念馆是全国百家红色旅游经典景区之一、全国爱国主义教育示范基地。展厅分为两层：一层为序厅、主展厅，展陈8个单元，以陕甘边革命根据地历史为主线，用翔实的历史资料、图片、文物和各种现代化的展陈技术，再现了创建以照金为中心的陕甘边革命根据地的艰难历程，突出了陕甘边革命根据地的历史地位；二层为陕甘边革命根据地主要创建者生平展示区及主体油画展区，开设了刘志丹、谢子长、习仲勋等百余位老一辈无产阶级革命家的专题展区。

薛家寨革命旧址

薛家寨革命旧址是陕甘边革命根据地党政军机关驻地，位于照金镇东北5千米处，南北长3.5千米，东西宽1.6千米，形似倒放的葫芦，海拔为1619米。薛家寨以其独特的丹霞地质地貌闻名遐迩，据考证，北宋丹青圣手范宽的《溪山行旅图》就是以薛家寨附近的地貌为原型创作的。民间传说薛家寨是薛刚反唐时练兵、屯兵之地，由此而得名。

薛家寨革命旧址

研学活动导学案

一、活动目标

1. 了解照金的革命斗争历史，缅怀革命先烈，接受革命思想教育。

2. 参观薛家寨革命旧址，聆听军民联合抗敌的英雄事迹，感受峥嵘岁月。

3. 通过此次活动，牢固树立为实现中华民族伟大复兴而努力学习的远大理想。

4. 通过探究活动培养实事求是地解决实际问题的能力。

二、课程链接

人教版高中《历史（必修1）》中的《国共的十年对峙》

三、活动内容

1. 参观陕甘边革命根据地照金纪念馆。

2. 访问薛家寨，重温红军当年走过的路，讲讲革命斗争的故事。

3. 开展"听党话、颂党恩、跟党走"主题系列活动，包括宣誓、主题演讲、诗歌朗诵。

4. 观看纪录片《陕甘风云》，分享本次研学活动的心得体会。

5. 探究照金作为革命根据地的优势条件。

四、拓展延伸

1. 阅读《陕甘边革命根据地照金苏区党史人物》《照金革命史》《红色照金》等相关文献资料。

2. 聆听大型组歌《照金岁月》。

3. 观看革命历史剧《红旗漫卷西风》《兵发照金》。

4. 探究：薛家寨作为革命根据地的优势。（提示：查阅相关文史资料，用翔实的材料论证说明。）

活动记录

研学主题	
研学方式	
知识积累	1._____革命根据地是中国共产党在西北地区建立的第一个具有重大影响的革命根据地。 2. 游击队总指挥_____在薛家寨保卫战中不幸中弹牺牲。 3. 陕甘边革命根据地是由_____、谢子长、_____等人在陕西省和甘肃省交界地区创建的红色根据地。 4. 以照金为中心的陕甘边革命根据地，是共产党人把_____与陕甘边具体实际相结合的光辉典范。

主要活动	
合作探究	探究： 1. 陕甘边革命根据地成立的曲折过程及重大意义。 2. 为了革命的成功，中国共产党人创建了哪些革命根据地？ （提示：先自主探究思考，然后小组进行交流，相互补充，记录要点。） 探究方法 要点记录

展示交流

选题一：小组用多媒体分享所拍照片，根据照片内容介绍在照金纪念馆和薛家寨革命旧址研学活动的情景。要求声音洪亮，条理清楚，落落大方，尽量脱稿。

选题二：小组代表上台交流合作探究中的一个问题，也可以交流自己小组感兴趣的问题。其他小组可提问、补充、质疑、建议。

选题三：小组用自己喜欢的方式（可以是诵读、主题演讲、讲革命故事等）分享研学的收获。要求各小组全员参与，从不同角度创造性地分享研学收获。

（提示：以上几种展示交流的方式，各小组可任选一种。）

我们组展示交流的内容

我们的创意

心得体会	
活动评价	1. 小组内评价：小组成员对研学活动中各个同学的表现进行评价。大家对我的评价_____ _____ _____ _____ 2. 自我评价：根据下面的六项内容，回顾研学过程中自己的表现，按照优秀（五颗星）、良好（四颗星）、一般（三颗星）、有较大提升的空间（一至两颗星）的标准进行自我评价。 团结协作_____　　创新精神_____ 自理能力_____　　沟通分享_____ 出行纪律_____　　实践能力_____

马栏纪事

讲 述

马栏地处桥山山脉南端,位于旬邑县东北 32 千米处的马栏镇。土地革命战争时期,陕西共产党人在马栏这块红色土地上,高举革命大旗,开展工农武装割据,建立了革命根据地;抗日战争和解放战争时期,马栏作为陕甘宁边区的南大门,是圣地延安的前沿哨所,是陕甘宁边区关中分区政治、军事、经济中心,是全国各地仁人志士和物资通往延安的重要通道。

马栏旧址风貌

旬邑起义现场

1932年,经中共中央批准,中共陕西省委决定成立红二十六军。12月18日,红军陕甘游击队奉命开赴旬邑县杨家店子村。12月24日,部队在旬邑县马栏镇转角村改编,召开全体军人大会,举行了授旗仪式,宣布红二十六军正式成立,这标志着陕甘边第一支正规红军的诞生。

1936年1月,关中特委和关中特区苏维埃政府成立,贾拓夫、习仲勋先后任特委书记,机关先后设在甘肃新正县南邑村,陕西淳化县桃曲原,旬邑县马家堡、阳坡头、马栏。1937年10月至1949年4月,马栏是中共陕西省委、陕甘宁边区关中分区机关所在地。习仲勋、汪锋、赵伯平等一大批老一辈革命家曾在这里生活和战斗。

1939年,陕北公学、陕甘宁边区第二师范学校在马栏创立,为中国革命培养了大批栋梁之材,因此,马栏被誉为"红色摇篮"。

1941年11月,中共陕西省委机关由照金迁来马栏,中共中央决定关中分委改由中共陕西省委领导。1943年1月,中共陕西省委与关中分委合并，在马栏成立了中共关中地委。马栏成为关中地区的政治中心。1945年7月，张宗逊、习仲勋在马栏指挥爷台山反击战，重创国民党军3个师。1946年8月，中原突围后，李先念、郑位三、陈少敏等中原军区领导人通过关中分区地下交通线到达马栏。著名教育家、民盟西北总支部负责人李敷仁在咸阳遭国民党特务枪击，被地下党营救，接到马栏养伤，后到达延安。中共山西省委、河南省委曾迁至马栏办公。

陕甘宁边区第二师范学校旧址

陕北公学开学典礼

1949年4月3日，中共中央西北局决定将关中地委改为中共三原地委。5月中旬，中共三原地委由马栏移驻三原县城。

在马栏这片红色土地上，在中国共产党的领导下，军民坚持抗日民族统一战线，开展大生产、整风运动，粉碎了国民党顽固派的多次反共摩擦，保卫了延安，保卫了党中央，守卫了陕甘宁边区的南大门。

马栏革命旧址

事件回放

西北革命根据地的建立

陕甘地区红军游击战争的发展引起了国民党当局的恐慌。1934年2月，国民党陕甘当局兵分九路对陕甘边革命根据地发动了第一次大规模"围剿"。陕甘边和陕北革命根据地在刘志丹、谢子长的领导下，经过几个月的艰苦战斗，至8月底取得了第一次反"围剿"斗争的胜利。

1935年初，国民党当局对陕甘边和陕北根据地发动第二次"围剿"。刘志丹指挥红二十六军、红二十七军以及各地游击队，打破了国民党的第二次"围剿"，将陕甘边和陕北苏区完全连成一片，在20多个县建立了工农民主政权，游击区扩大到30多个县，正式形成了西北革命

刘志丹画像　　　　　　　　　谢子长画像

根据地。西北革命根据地扩大到北起长城，南至关中北部的淳化、耀县，西依六盘山麓，东临黄河的广大地区。主力红军发展到5000余人，游击队发展到4000余人。

　　1935年9月，蒋介石部署了对西北红军和根据地的第三次"围剿"。就在这时，徐海东、程子华率领的红二十五军长征到达陕北，与红二十六军、红二十七军合编为红十五军团，随即取得了劳山、榆林桥战役的胜利，歼灭东北军一〇〇师、一〇七师六一九团。10月，中央红军长征到达陕北吴起镇。11月，中央红军与红十五军团组成红一方面军，取得直罗镇战役的胜利，国民党军的第三次"围剿"再告失败。从此，红军在陕北站稳了脚跟。这时，苏区有了更大的发展，1935年11月成立了中华苏维埃共和国中央临时政府西北办事处，将西北苏区划分为陕北省、陕甘省、关中特区、三边特区、神府特区，统由西北办事处领导。西北革命根据地在 1936 年冬至 1937 年初为其鼎盛时期，全苏区先后设有 3 个省级苏维埃政权，辖近 40 个苏维埃县级政权。它是土地革命战争时期硕果仅存的革命根据地，为各路主力红军长征提供了一个落脚点，并成为中国革命新的出发点。

长征结束后，毛泽东曾总结道："东方不亮西方亮，黑了南方有北方。"中国革命在遭受严重挫折后，经历了由东到西、自南而北的战略大转移，终于在西北这片黄土高原上迎来了大转折。

人物档案

习仲勋

习仲勋（1913—2002），陕西省富平县淡村镇中合村人。中国共产党的优秀党员，伟大的共产主义战士，杰出的无产阶级革命家，我党、我军卓越的政治工作领导人，陕甘边革命根据地的主要创建者和领导者之一。1932 年 3 月在甘肃两当县发动起义。1933 年 3 月起任陕甘边游击队总指挥部政委、中共陕甘边特委军委书记、陕甘边革命委员会副主席，参与创建以照金为中心的陕甘边革命根据地。1934 年 2 月起任陕甘边革命委员会主席、中共陕甘边特委代理书记、陕甘边区苏维埃政府主席。全面抗战时期曾任中共关中分委书记、绥德地委书记、中央组织部副部长等职。1945 年 10 月后，曾任中共中央西北局书记、西北野战军副政委、西北军政委员会副主席、国务院副总理、广东省委第一书记、中央政治局委员、书记处书记、全国人大常委会副委员长等职。毛泽东曾高度评价习仲勋说："他是群众领袖，是一个从群众中走出来的群众领袖。"

习仲勋

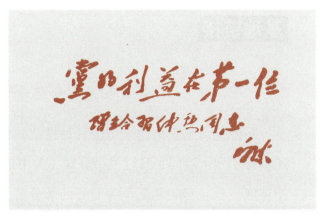
毛泽东给习仲勋的赠词

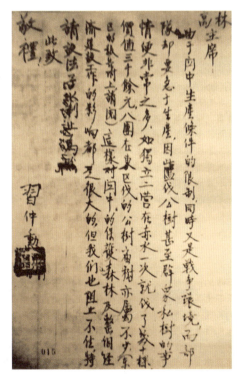
习仲勋关于保护群众林木问题致林伯渠、高自立的信

习仲勋画像

基地链接

马栏革命纪念馆

马栏革命纪念馆位于旬邑县马栏镇马栏村，桥山山脉南端。周边还整修了烈士陵园、马栏关中分区（关中地委、陕西省委）、马家堡关中特区、看花宫陕北公学等旧址的部分窑洞及房屋。马栏革命纪念馆是反映中国共产党领导下的关中分区革命斗争史的纪念馆，主要宣传1926年至1949年这23年间，中共组织领导人民革命的光辉历史，多角度、全方位地展示了陕甘宁边区关中特区、关中分区的革命历史，生动地再现了习仲勋等老一辈无产阶级革命家的丰功伟绩，是全国100个红色旅游经典景区之一、陕西省重点文物保护单位、革命传统教育基地。

马栏革命纪念馆

马栏革命纪念馆大门

富平县爱国主义教育基地

富平县爱国主义教育基地位于富平县城西北陶艺果林园附近,由习仲勋纪念馆、习仲勋陵园组成。2018年,被教育部公布为第一批"全国中小学生研学实践教育基地"。纪念馆展陈面积为1200平方米,陈列的主题为:群众领袖,人民功臣。展出了习仲勋在革命战争年代、社会主义革命与建设时期的革命征程和历史贡献,以及习仲勋在改革开放时期的奋斗足迹和历史功勋。习仲勋的石刻坐像位于陵园中央,在坐像背后篆刻着其夫人齐心书写的习仲勋语:"战斗一生,快乐一生。天天奋斗,天天快乐。"

习仲勋雕塑

富平县爱国主义教育基地

研学活动导学案

一、活动目标

1. 了解陕甘革命根据地的发展历史、代表人物及其主要事迹。

2. 缅怀革命先烈，学习他们艰苦奋斗的革命精神和爱国精神。

3. 探究红色马栏成为革命根据地的深层原因，培养实事求是、脚踏实地的作风。

4. 通过系列研学活动，树立为实现中华民族伟大复兴的中国梦而努力学习的远大抱负。

二、课程链接

1. 部编版《语文（四年级）》上册《为中华之崛起而读书》

2. 鄂教版《品德与社会（五年级）》下册《起来，不愿做奴隶的人们》

3. 人教版高中《思想政治（选修1）》中的《无产阶级解放的必由之路》

三、活动内容

1. 参观马栏革命纪念馆，聆听马栏的历史沿革。

2. 前往烈士陵园，敬献花篮，缅怀为革命事业献出生命的革命烈士，学习他们的革命精神和爱国主义精神。

3. 参观马栏革命旧址，探寻革命先烈的奋斗足迹。

4. 参观中国工农红军第二十六军军部旧址，了解其成立的历史背景及主要领导人，感受红军精神。

5. 参观陕甘宁边区第二师范、陕北公学旧址，了解它们的发展历史。

6. 参观富平县爱国主义教育基地，了解习仲勋在革命战争年代、社会主义革命与建设时期的革命征程和历史贡献，以及习仲勋在改革开放时期的奋斗足迹和历史功勋。

四、拓展延伸

1. 阅读《刘志丹的故事》（马骆著）。

2. 观看历史文献纪录片《陕甘星火》。

3. 观看文献纪录片《习仲勋》。

4. 探究：作为革命根据地，马栏的地理位置有哪些优势与特殊性？（提示：查阅相关文史资料，用翔实的材料论证说明。）

活动记录

研学主题	
研学方式	
知识积累	1. 马栏位于_____县东北 32 千米处的_____。在解放战争时期，这里发生的著名反击战是_____，指挥战斗的是_____、_____，重创国民党军 3 个师。 2.1939 年 7 月，延安鲁迅师范学校与边区中学合并成立延安师范学校，后改为_____，在此期间，在马栏还创办了_____、_____，为中国革命培养了大批栋梁之材。为此，马栏被誉为_____。

主要活动	
合作探究	探究：选择一位在马栏工作的无产阶级革命家，探究他的事迹与革命精神。（提示：先自主探究思考，然后小组进行交流，相互补充，记录要点。） 探究方法_____ _____ _____ _____ 要点记录_____ _____ _____ _____ _____ _____

展示交流

选题一：小组用多媒体分享所拍照片，根据照片内容介绍同学们在马栏革命纪念馆或者富平县爱国主义教育基地研学活动的情景。要求声音洪亮，条理清楚，落落大方，尽量脱稿。

选题二：小组代表上台交流合作探究的问题，也可以交流自己小组感兴趣的问题。其他小组可提问、补充、质疑、建议。

选题三：小组用自己喜欢的方式（可以是诵读、主题演讲、讲革命故事等）分享研学的收获。要求各小组全员参与，从不同角度创造性地分享研学收获。

（提示：以上几种展示交流的方式，各小组可任选一种。）

我们组展示交流的内容＿＿＿＿＿＿＿＿＿＿＿＿＿＿＿
＿＿＿＿＿＿＿＿＿＿＿＿＿＿＿＿＿＿＿＿＿＿＿＿＿
＿＿＿＿＿＿＿＿＿＿＿＿＿＿＿＿＿＿＿＿＿＿＿＿＿

我们的创意＿＿＿＿＿＿＿＿＿＿＿＿＿＿＿＿＿＿＿＿

心得体会	
活动评价	1. 小组内评价：小组成员对研学活动中各个同学的表现进行评价。大家对我的评价_____ _____ _____ _____ 2. 自我评价：根据下面的六项内容，回顾研学过程中自己的表现，按照优秀（五颗星）、良好（四颗星）、一般（三颗星）、有较大提升的空间（一至两颗星）的标准进行自我评价。 团结协作_____　　创新精神_____ 自理能力_____　　沟通分享_____ 出行纪律_____　　实践能力_____

红二十五军长征入陕

讲 述

毛泽东在1937年与《大公报》记者范长江谈到红军长征时，特别提道："徐海东部之由陕南经陇东入陕北，乃偶然做成中央红军之向导。"这支向导部队，就是参加长征到达陕南，创立鄂豫陕根据地的中国工农红军第二十五军。

第五次反"围剿"失败后，各路红军主力部队陆续开始战略大转移。红二十五军继续留在鄂豫皖苏区坚持斗争。这支插入国民党统治腹地的红军，自然成为国民党"围剿"的重点对象。面对处境越来越严峻的实际情况，中共中央决定红二十五军向西进行战略转移。1934年11月16日，在刺骨的寒风中，红二十五军将士高举"中国工农红军北上抗日第二先遣队"的旗帜，由河南罗山的何家冲出发，开始了艰辛的西征。

红二十五军经过长途跋涉，突破了国民党的包围，进入了豫西伏牛山区。伏牛山区地方狭窄，人烟稀少，并不适合建立根据地。红二十五军决定继续西进，准备在陕南创立新根据地。

1934年12月9日，红二十五军在洛南县庾家河镇召开会议，决定建立鄂豫陕革命根据地，中共鄂豫皖省委也改为鄂豫陕省委，徐宝珊、

庚家河战斗战前指挥现场雕塑

吴焕先先后任书记和代理书记。正当会议进行期间，突然遭到国民党军的围攻。这一仗打得非常惨烈，军长程子华、副军长徐海东先后负重伤。红军将士经过20多次反复冲杀，再一次将敌军打垮。庚家河之战，为新根据地的建成举行了别样的奠基礼。

新开创的鄂豫陕革命根据地位于三省边界地区，包含陕南的洛南、丹凤、商县、商南、山阳、镇安、柞水、宁陕、佛坪、旬阳等县，鄂西北的郧西、郧阳等县，豫西的卢氏、淅川等县。根据地背靠秦岭，南临汉江，层峦叠嶂，地方广大，党组织和红军曾在这里开展过斗争，群众基础好，比较适合红军活动。

根据地建立后，红二十五军开始在当地发展地方党组织，向老百姓宣传介绍红军的性质和政策。红军还在条件成熟的地方领导老百姓建立地方政权，组织群众武装。红军领导的"抗税、抗债、抗捐、抗粮、抗兵""五抗"斗争，进行得轰轰烈烈，赢得了广大群众的支持。

就在这时,国民党军也尾随进入根据地。为了巩固来之不易的革命果实,红二十五军通过两次反"围剿"作战,歼灭国民党军两个多旅。经过5个多月的艰苦斗争,红二十五军由2900人发展到3700多人,地方武装也发展到了2000多人,形成一个拥有50万人口的新根据地,红二十五军在陕南站稳了脚跟。

红二十五军在庚家河印制的传单

事件回顾

葛牌镇区苏维埃政府

1934年11月,红二十五军在徐宝珊、程子华、吴焕先、徐海东等率领下,奉命从河南省罗山县向西实行战略转移。一路上浴血奋战,粉碎了敌人的围追堵截。1935年2月3日,红军攻占葛牌,歼灭了围追的国民党第四十二师——六旅的两个营,随即鄂豫陕革命根据地葛牌镇区苏维埃政府宣告成立。

葛牌镇区苏维埃政府辖区包括蓝田县和柞水县的8个乡,在这里进行的著名的文公岭战斗,使得红二十五军摆脱了国民党的围追堵截。

苏维埃政府在葛牌镇成立后,随即组织劳苦大众开展了轰轰烈烈的革命斗争。以"五抗"(抗税、抗债、抗捐、抗粮、抗兵)为口号,发动群众以打土豪、分田地、分浮财为手段,解决贫苦群众的切身问题。红二十五军司令部和政治部于1935年2月5日颁布了《关于商业政策问题》的布告，对恶贯满盈、垄断市场、阻碍工商业发展的葛牌镇"逢元和"商号和联保主任经营的肉店采取限制发展的手段，并且没收"逢元和"商号的粮食，在葛牌镇街戏楼前的广场上由苏维埃政府分发给贫苦群众。区苏维埃政府坚决打击当地土豪劣绅（如黎元沟、金坪、铁索桥、七里店、瓦房庄等地的财主），将他们的粮食、钱财分给当地群众，打击了封建势力。苏维埃政府在当地群众的强烈要求下，镇压了劣迹斑斑的联保主任和蓝田县政府收集款粮的官员，以及瓦房庄的几名劣绅，为民除害，大快人心。苏维埃政府在葛牌镇成立了秘密的红色交通站，对于保证红二十五军和上级的联络起到了至关重要的作用。为了保卫鄂豫陕革命根据地，巩固来之不易的苏维埃政权，并且给红军大部队以必要支持，葛牌镇区苏维埃政府利用红军分发的一部分枪支弹药，很快建立起一支地方武装——赤卫队，由苏维埃政府主席田银斗兼任队长。这支由贫苦农民组织的队伍很快发展壮大到数百人。他们身背长枪，手拿大刀，肩扛长矛，以葛牌镇为根据地，长期活跃在蓝田、商县（今陕西商洛商州区）、柞水、山阳、镇安等县的交界处，配合红军打击敌人，为保卫群众安全和红色政权的稳定做出了重大贡献。

  1935年7月，红二十五军主力战略转移，葛牌镇区苏维埃政府停止了工作。葛牌镇区苏维埃政府虽然只存在了短短6个多月，但是它的建立及一系列工作扩大了红军的影响。

鄂陕边区苏维埃政府纪念碑(西安蓝田)

人物档案

徐海东

徐海东（1900—1970），原名元清，湖北省大悟县新城镇人。著名军事家，中国人民解放军大将。1925年加入中国共产党，曾参与黄麻起义，历任中国工农红军红四方面军独立第四师师长、红二十五军军长、红十五军团军团长等职务，成功保卫了陕北根据地。抗日战争时期，任八路军一一五师三四四旅旅长、新四军江北指挥部副指挥兼第四支队司令员。中华人民共和国成立后，担任中央人民政府人民革命军事委员会委员等职务。1955年被授予大将军衔，获一级八一勋章、一级独立自由勋章、一级解放勋章。

徐海东

基地链接

葛牌镇区苏维埃政府纪念馆

葛牌镇区苏维埃政府纪念馆地处秦岭深山的蓝田县葛牌镇。现在葛牌镇仍保留有红二十五军军部旧址、鄂豫陕省委扩大会议旧址，以及葛牌镇区苏维埃政府旧址。1999年，这里建起了800平方米的葛牌镇区苏维埃政府纪念馆。当年红二十五军宣传科干事、中央军委原副主席刘华清上将,撰写馆名并为该馆题词。

纪念馆共设 7 个展厅,展出的 400 多幅照片和实物,再现了红军当年艰苦卓绝的斗争岁月。

鄂豫陕苏维埃政府葛牌镇纪念馆大门(西安蓝田)

纪念馆一角

旬阳红军纪念馆

旬阳红军纪念馆位于全国唯一以红军命名的乡镇——旬阳红军镇境内。红军纪念馆始建于 2007 年，2011 年竣工并投入使用，入选"国家级国防教育示范基地""省党史教育基地""省爱国主义教育基地"等。

1935 年，徐海东、程子华率领的红二十五军在鄂豫陕创建革命根据地，建立地方苏维埃政权。在 1935 年 10 月 18 日的战斗中，为掩护红军主力转移，特务班 14 名战士与 400 名敌人展开残酷激战，有"神医""医官"之称的指导员高中宽和尚班长壮烈牺牲，当地群众秘密掩埋烈士遗体，事后修坟、立碑、建庙、塑像，在家设立牌位敬奉，尊称"红军老祖"。

革命老区旬阳充分挖掘红色旅游资源，因势利导，在当年红军战

"红军老祖"墓

旬阳红军纪念馆

斗、牺牲、安葬的地方修建起红军纪念馆,全方位展示红二十五军在旬阳的革命斗争史。进入园区,一座雄伟壮观的红军英雄纪念碑即映入眼帘,纪念碑高25米,象征着红二十五军曾在这里战斗、奉献。此外,独具特色的红军纪念墙,"艰苦岁月""军民鱼水情"等雕塑群,以及忠骨亭等都展示了曾发生在这里的动人故事。经过雕塑群,行至九龙山下红军烈士墓,就是在旬阳牺牲的红军战士高中宽、尚班长的烈士墓所在地。如今的红军镇也因红军烈士墓而得名。

园区内有四个展馆,分别为史料馆、生活馆、兵器馆和综合馆,里面陈列着很多珍贵的文物以及文献资料,记录着红军革命烈士的足迹和动人事迹,以及当地老百姓传唱的动人歌谣。

研学活动导学案

一、活动目标

1. 了解红二十五军入陕创立鄂豫陕革命根据地的过程，学习红军百折不挠的精神。

2. 聆听葛牌镇区苏维埃政府的革命斗争历史，了解它在当时所发挥的巨大作用。

3. 参观旬阳红军纪念馆，了解红二十五军在旬阳的革命斗争史，学习革命历史知识。

4. 通过参观学习，继承发扬革命先辈英勇顽强的革命精神，增强历史责任感。

二、课程链接

人教版高中《历史（必修1）》中的《国共的十年对峙》

三、活动内容

1. 参观葛牌镇区苏维埃政府纪念馆，了解轰轰烈烈的"五抗"斗争。

2. 前往陕西省旬阳红军纪念馆，向红军英雄纪念碑敬献花篮，师生代表做主题演讲。

3. 参观"艰苦岁月""军民鱼水情"等雕塑群，聆听讲解，感受红军精神。

4. 祭拜旬阳九龙山下红军烈士墓，举行"发奋学习，振兴中华"宣誓及签名活动。

5. 探究红二十五军入陕与陕北红军会师对中国革命的重大意义。

四、拓展延伸

1. 查阅书籍《鄂豫陕革命根据地史略》（中共陕西省委党史研究室编）、《徐海东大将》（张麟著）。

2. 观看历史文献片《大将徐海东》。

3. 探究：徐海东大将的革命足迹。

活动记录

研学主题	
研学方式	
知识积累	1. 苏维埃政府在葛牌镇成立后，随即组织劳苦大众开展了轰轰烈烈的抗税、_____、抗捐、_____、抗兵的"五抗"斗争。 2. 苏维埃政府在葛牌镇成立了秘密的红色交通站，对于保证_____和上级的联络起到了至关重要的作用。 3. 徐海东于1955年被授予_____军衔。 4. 葛牌镇区苏维埃政府是红二十五军在徐海东、_____、_____、吴焕先等的领导下于1935年2月在关中地区创建的第一个红色政权。

主要活动	
合作探究	探究： 1. 红二十五军长征入陕后，开展了哪些富有成效的斗争？ 2. 葛牌镇苏维埃政府是红军长征途中建立的第一个红色政权，它的建立有着怎样的意义？ 探究方法 要点记录

展示交流

选题一：小组用多媒体分享所拍照片，根据照片内容介绍同学们在葛牌镇或旬阳研学活动的情景。要求声音洪亮，条理清楚，落落大方，尽量脱稿。

选题二：小组代表上台交流合作探究中的一个问题，也可以交流自己小组感兴趣的问题。其他小组可提问、补充、质疑、建议。

选题三：小组用自己喜欢的方式（可以是诵读、主题演讲、讲革命故事等）分享研学的收获。要求各小组全员参与，从不同角度创造性地分享研学收获。

（提示：以上几种展示交流的方式，各小组可任选一种。）

我们组展示交流的内容

我们的创意

心得体会	
活动评价	1. 小组内评价：小组成员对研学活动中各个同学的表现进行评价。大家对我的评价_____ 2. 自我评价：根据下面的六项内容，回顾研学过程中自己的表现，按照优秀（五颗星）、良好（四颗星）、一般（三颗星）、有较大提升的空间（一至两颗星）的标准进行自我评价。 团结协作 _____ 创新精神 _____ 自理能力 _____ 沟通分享 _____ 出行纪律 _____ 实践能力 _____

西安事变

讲　述

1979年4月12日，时任中共中央副主席、全国人大常委会委员长的叶剑英到西安视察，来到阔别多年的八路军西安办事处旧址。他抚今追昔，百感交集，在纪念馆留言簿上挥笔题诗："西安捉蒋翻危局，内战吟成抗日诗。楼屋依然人半逝，小窗风雪立多时。"诗的前两句把人们的思绪带回了1936年那不平凡的岁月。

1935年以来，以张学良为首的东北军和以杨虎城为首的第十七路军，在西北苏区"围剿"红军屡遭失败，同时张、杨受中国共产党抗

张学良（左）与蒋介石（右）

日民族统一战线政策及人民抗日救亡运动的影响,与红军停止交战,并要求蒋介石联共抗日。蒋介石拒绝了张、杨的要求,调嫡系部队至豫陕边境逼迫张、杨进攻红军。12月上旬,蒋介石到西安督战,张、杨在多次要求联共抗日被拒绝后,于12月12日发动兵谏,在临潼华清池和西安分别扣留了蒋介石以及随蒋来陕的军政大员,逼蒋联共抗日。史称"西安事变",亦称"双十二事变"。

1936年12月12日《西北文化日报》上有关张学良、杨虎城发动西安事变的报道

西安事变发生的当天,张学良、杨虎城等18位高级将领署名发表《对时局通电》,提出八项抗日主张。同时,张学良立即致电在陕北保安的中共中央,希望听取中国共产党的意见。12月17日,应张、杨的要求,中共中央派周恩来、博古、叶剑英等中共代表赴西安参加调解谈判,同时命令红军从陕甘地区南下至西安附近集中,协助东北军、西北军准备迎击亲日派的"讨伐"。

周恩来等到达西安后,12月18日,中共中央致电国民党,进一步提出和平解决西安事变的五项条件:召开抗日救国代表大会;自陕甘撤退"中央军",援助晋绥抗日前线,承认红军和西安方面的抗日要求;停止内战,一致抗日;开放人民抗日救国运动,释放一切政治犯;实现孙中山先生的三大政策。中共中央的态度和主张得到各界爱国人

中共中央代表团主要成员在西安，周恩来（右）、叶剑英（中）、秦邦宪（左）

士和许多国民党上层人士的赞同。

12月19日，中共中央认为，西安事变的发动，存在着两种前途：一是有可能造成对于中华民族极端危险的新的大规模内战；二是仍有可能争取和平解决，从而为结束"剿共"内战，实行一致抗日创造条件。中国共产党力争避免前一"前途"而实现后一"前途"，坚决主张用和平方式解决西安事变，反对新的内战，同时主张用一切方法联合南京的左派，争取中派，反对亲日派，以推动南京政府走向抗日。

12月23日，张学良、杨虎城同南京政府派来的代表宋子文、宋美龄进行谈判，周恩来作为中共代表也参加谈判，提出了和平解决西安事变的六项主张：（一）停战，撤兵至关外；（二）改组南京政府；（三）释放政治犯，保障民主权利；（四）停止"剿共"，联合红军抗日，共产党公开活动；（五）召开各党、各派、各界、各军救国会议；（六）与同情抗日国家合作。张、杨赞成六项主张，宋子文也表示基本同意并答应转达给蒋介石。同日下午，三方举行第二轮会谈。宋子文提议先组织过渡政府，三个月后再改造为抗日政府。双方就过渡政府的具体人选交换了意见，原则上取得一致，但在何时放蒋问题上产生了分歧，谈判无结果。24日上午，三方举行了第三轮会谈，达成了九条协议，基本上同意张、杨在事变后发出的八条通电，也承认了中共、红军、苏区的合法地位。同日晚，周恩来在宋氏兄妹陪同下去见蒋介石，并说明了中共抗日救国的政策。蒋介石同意中共代表提出的六项主张，但要求不采取签字形式，而是以他的人格担保履行这些协议。25日，蒋介石在张学良的陪同下返回南京。至此，西安事变和平解决。

西安事变和平解决成为时局转换的枢纽。从此，中国各阶级、阶层、政党、团体、派别终于结束了"兄弟阋于墙"的纷乱局面，走向共御外侮的历程。1937年1月，驻扎在延安、甘泉、富县、洛川的国民党东北军、西北军陆续南撤。1月10日，毛泽东率领中共中央机关离开保安，于13日下午进驻延安。

西安学生示威游行，逼蒋抗日

事件回顾

精诚团结谋抗战

九一八事变爆发后,张学良遵照蒋介石的指示,对日寇的侵略行为采取了"不抵抗政策",致使中国东北三省全部被日本关东军占领,张学良被国人称为"不抵抗将军"。日寇进一步利用清朝废帝溥仪在东北建立伪满洲国傀儡政权,导致中国的民族危机进一步加深,中国进入局部抗日战争阶段。

1935年8月1日,中共驻共产国际代表团根据共产国际会议精神,以中华苏维埃共和国中央政府和中共中央的名义发表了《为抗日救国告全体同胞书》,提出抗日民族统一战线的基本内容,史称《八一宣言》。

1935年9月,张学良奉蒋介石之命,出任西北"剿匪"总司令部副总司令,代行总司令职权。从9月到11月,在不足3个月的时间里,东北军与红军在劳山、榆林桥、直罗镇的交战中,连续被消灭近3个主力师,南京政府不但不给予补充,反而取消了被歼灭部队的番号。这件事深深触动了张学良,他开始通过多种渠道与共产党联络,寻求解国难、报家仇的新出路。鉴于张学良和东北军所处的特殊地位,中国共产党从瓦窑堡会议后就开始了争取东北军的工作。1936年4月9日晚,中共派周恩来、李克农、刘鼎为代表,与张学良、王以哲在延安城内天主教堂举行会谈。会谈中,张学良表示完全同意中共"停止内战,一致抗日"的主张,并提出"联蒋抗日"的建议。

1935年12月初,共产党员汪锋带着毛泽东、彭德怀给杨虎城的信到西安与杨虎城联系。杨虎城对毛泽东信中提出的西北大联合、共同

1936年4月9日,中共全权代表周恩来与张学良举行会谈,达成联合抗日的协议。这是会谈地点——延安城内天主教堂

抗日的主张表示赞同。1936年8月26日,毛泽东的秘书张文彬再次持毛泽东给杨虎城的信由陕北到达西安。9月上旬,杨虎城会见张文彬,双方达成合作抗日的口头协议。中共中央还在张学良、杨虎城之间进行工作,促使他们团结合作。经过多方努力,张学良、杨虎城开始了日趋密切的合作,初步形成"三位一体"的大联合局面。西安事变的和平解决和抗日民族统一战线的建立有了基础。

人物档案

杨虎城

杨虎城(1893—1949),陕西省蒲城县孙镇甘北村人。著名爱国将

杨虎城

领。早年入哥老会、刀客等民间武装组织。1923年,杨虎城开始与共产党来往。国共合作建立后,他加入中国国民党。1926年,杨虎城与李虎臣、卫定一齐心协力,坚守西安,最终将刘镇华的镇嵩军赶出陕境。1930年11月,国民政府委派杨虎城为陕西省政府主席,他励精图治,邀请著名水利专家李仪祉任省政府委员兼建设厅厅长,陕西的水利事业如火如荼地展开。1936年12月,他联合张学良发动西安事变。事变和平解决后,被迫"出洋考察",归国后被蒋介石抓捕囚禁12年。1949年9月6日,蒋介石指使特务将杨虎城杀害于重庆歌乐山。中华人民共和国成立后,陕西省人民政府将杨虎城及诸烈士遗骨迎葬于长安韦曲少陵原畔。

张学良

张学良

张学良(1901—2001),字汉卿,号毅庵,辽宁省盘锦市大洼县(今大洼区)东风镇人。奉系军阀首领张作霖的长子,著名爱国将领。"皇姑屯事件"之后,他继任东北保安军总司令,拒绝日本人的拉拢,坚持东北易帜,为国家统一和民族团结做出了贡献。后任中华民国陆海空军副司令,陆军一级上将。他积极主张抗日,反对内战,同杨虎城将军一起发动了震惊中外的西安事变,促成国共二次合作,结成抗日民族统一战线。西安事变后遭蒋介石父子长期软禁,1990年恢复自由,1995年离开台湾,定居美国夏威夷。

基地链接

杨虎城公馆

杨虎城公馆又名"止园",位于西安市青年路中段,建于1933年,原名为"紫园",取"旭日东升,紫气东来"之意。当时陕西省政府参议李元鼎先生觉得这个名字不妥,建议取"止戈为武""到此为止"之

杨虎城公馆

杨虎城别墅

意,更名为"止园"。杨虎城将军接受了这个建议,并将止园作为自己在西安的住所。走进止园看到的是坐北朝南的两进小院,进大门向下走数步就是二门,上嵌有"止园"二字,进二门后两边有厢房,主体建筑为一座青砖黛瓦三层小楼,屋顶飞檐翘角,有中国古建筑之风,月台的栏杆和门窗则采用了欧式风格,可谓中西合璧,相得益彰。

张学良公馆

张学良公馆在西安市建国路69号,建于1932年,是张学良将军及其眷属1935年10月至1937年3月在西安的住所。1936年12月11日晚,张学良在西楼二楼会议室召集东北军高级将领王以哲、董英斌、黎天才等,宣布次日对蒋介石实行兵谏,进行战略部署,并草拟了八项抗日主张。

公馆以东、中、西三幢三层小楼为主体建筑,另附属有北排平房为承启室、军人接待室和汽车库,南排为食堂和卫士住室,西楼旁为

张学良公馆

西餐厅，均被作为西安事变纪念馆的组成部分加以保护。张学良公馆是第二批全国重点文物保护单位，先后被命名为"全国首批百个爱国主义教育示范基地"和"全国百个红色旅游经典景区"。

华清宫景区

陕西华清宫文化旅游有限公司华清宫景区位于西安城东30千米，与"世界第八大奇迹"兵马俑毗邻。周、秦、汉、隋、唐等历代帝王在此建有离宫别苑。因其温泉资源、烽火戏诸侯的历史典故，唐明皇与杨贵妃的爱情故事以及作为"西安事变"发生地而享誉海内外，其中，"骊山晚照"更是著名的"关中八景"之一，被教育部于2018年推荐为全国中小学生研学实践教育基地。

西安事变浮雕墙

西安事变旧址——兵谏亭

研学活动导学案

一、活动目标

1. 了解西安事变的全过程。

2. 认识西安事变对全民族团结抗击外侮的重要意义。

3. 了解学习张学良、杨虎城等爱国将领的民族大义和勇于担当的家国情怀。

4. 通过研学活动,树立基于国家民族大义的大局观念,树立为实现中华民族伟大复兴的中国梦而努力学习的远大抱负。

5. 探究在国家民族生死存亡关头,中国共产党不计前嫌,积极促进西安事变和平解决的具体做法和重要作用。

二、课程链接

1. 部编版《中国历史(八年级)》上册《从九一八到西安事变》

2. 人教版高中《历史(必修1)》中的《抗日战争》

三、活动内容

1. 参观张学良公馆,了解张学良将军在"东北易帜""西安事变"中的爱国行动。

2. 参观杨虎城公馆,了解杨虎城将军在"二虎守长安"中保护家园的事迹和在"西安事变"中的爱国行动。

3. 参观华清宫景区,了解烽火戏诸侯的历史典故和西安事变发生时的情形。

4. 前往杨虎城烈士陵园举行祭奠仪式,缅怀为革命事业献出生命的革命烈士,学习他们的革命精神和爱国主义精神。

5. 举行青年学生宣传全民族团结抗战的街头演讲模拟活动。

6. 举行"西安事变"两种前途的讨论会,通过辩论进一步认识和平解决西安事变,促成全民族抗日统一战线建立的重大意义。

四、拓展延伸

1. 观看电影《西安事变》。

2. 阅读《中国革命史小丛书·西安事变》(李捷著)。

3. 阅读《杨虎城将军传》(米暂沉著)。

4. 阅读《张学良全传》(张学继、刘红著)。

5. 探究:和平解决西安事变,促成全民族抗日统一战线建立的重大意义。

(提示:查阅相关文史资料,用翔实的材料论证说明。)

研学主题	
研学方式	
知识积累	1. 1936年12月12日，东北军将领_____和第十七路军将领_____联合发动兵谏，在临潼华清池和西安分别扣留了蒋介石以及随蒋来陕的军政大员，逼蒋联共抗日。史称"_____"，亦称"双十二事变"。 2. 1936年12月17日，应张学良、杨虎城的要求，中共中央派_____、博古、叶剑英等中共代表赴西安参加调解谈判，12月23日，张学良、杨虎城同南京政府派来的代表_____、_____进行谈判，周恩来作为中共代表也参加了谈判，提出了和平解决西安事变的____项主张。 3. 西安事变和平解决成为时局转换的枢纽。从此，中国各阶级、阶层、政党、团体、派别终于结束了"兄弟阋于墙"的纷乱局面，走向共御外侮的历程。团结全国军民的_____战线基本建立。

主要活动	
合作探究	探究：从全国抗战的形势和张学良、杨虎城的个人经历，分析西安事变发生的原因。（提示：先自主探究思考，然后小组进行交流，相互补充，记录要点。） 探究方法 要点记录

展示交流

选题一：小组分享参观活动中收集到的当时全国各地抗日要求高涨的资料，通过分享了解当时民众的抗日热情。要求声音洪亮，条理清楚，落落大方，尽量脱稿。

选题二：小组分享关于张学良的生平资料，体会他的爱国情怀和民族大义。

选题三：各小组讨论交流中共中央为和平解决西安事变、促成抗日民族统一战线的建立所做的努力。

（提示：以上几种展示交流的方式，各小组可任选一种。）

我们组展示交流的内容

我们的创意

心得体会	
活动评价	1. 小组内评价：小组成员对研学活动中各个同学的表现进行评价。大家对我的评价 _____ _____ _____ _____ 2. 自我评价：根据下面的六项内容，回顾研学过程中自己的表现，按照优秀（五颗星）、良好（四颗星）、一般（三颗星）、有较大提升的空间（一至两颗星）的标准进行自我评价。 团结协作 _____　　创新精神 _____ 自理能力 _____　　沟通分享 _____ 出行纪律 _____　　实践能力 _____

陕西军民齐抗战

讲 述

全面抗战爆发后,中国工农红军主力改编为国民革命军第八路军。从1937年8月云阳誓师到9月上旬,八路军相继东渡黄河,奔赴华北抗日前线,沿途许多爱国青年投笔从戎,踊跃参军。西安学联和民先队积极抬运、安置从山西战场运抵西安火车站的数千名伤员,为他们擦洗伤口、换药、缝补衣服。原杨虎城部国民革命军第三十八军新部亦开赴华北前线,英勇抗敌。同仁医院罗锦文成立了由14名青年医护

八路军东渡黄河

人员组成的全国第一个志愿上前线的西北青年抗日前线救护队，应朱德、彭德怀之邀开赴晋西北抗战前线。

日军侵占山西后，妄想趁八路军主力东渡黄河之机，从北面、东面进犯陕甘宁边区，打开侵犯陕西的通道。中共中央在延安成立八路军后方留守兵团，将边区 10 个保安大队和各县保安队划归留守兵团，建立 22.4 万余人的各级抗日民众自卫军。从 1938 年初至 1942 年 4 月，进行了大小 80 余战，粉碎了日军的进攻。

太原失陷后，国民党军委会设立了以蒋鼎文为主任的西安行营，负责神府、宜川、韩城、潼关地区的河防。1938 年，经过三次潼关保卫战，使日寇通过风陵渡染指中国大西北的战略意图彻底落空，只能望河兴叹，遂改为对陕西军民进行空袭轰炸。直至抗战结束，日寇终未能踏进陕西一步。

抗战时期，在陕西几乎每 9 人就有 1 人应征参军。全面抗战爆发

风陵古渡

1938年,八路军留守兵团炮兵在黄河西岸作战

后,陕西工农商学等各界群众积极行动起来,开展"反侵略宣传周运动""捐献一日所得运动""募集钢丝麻袋运动",全力支援前方抗日将士。

陕西工商业界坚持生产,保障军需民用,支援抗战前线。从上海迁到宝鸡的荣氏企业申新纺织四厂每年纺织棉布12万至16万匹,还专门设立被服厂制成军装,运往前线。著名实业家韩威西、薛道五、窦荫三、吴子实等人于1937年创办的西北化学制药厂,能生产500余种药品。该厂附设的西北高级药科职业学校,先后为抗战培训医药专业人员100余名。

据不完全统计,全面抗战时期陕甘宁边区先后动员了3万多名青年参军,占到县、市总人口的 10%;陕甘宁边区缴纳救国公粮 100 多万石,支援前线 154 万多人次,组织 150 多万匹牲畜运送物资,做军鞋 20 多万双。在抗战中,陕西军民谱写了一曲曲爱国主义的壮丽凯歌,为夺取抗战胜利做出了巨大的贡献。

事件回顾

大华纱厂工人的抗日救亡运动

大华纱厂是民族资本家石凤翔为了抵制日本棉纱在中国倾销,于 1935 年创建的。

抗战时期,大华纱厂积极地推动工人的抗日救亡运动。1939 年 10 月 11 日,20 多架日军飞机轰炸西安,向大华纱厂投下炸弹、燃烧弹数十枚。不但部分厂房、机器被毁而停产,还炸死炸伤了三四十名工人。

大华纱厂旧照

长安大华纺织厂位于太华南路，1935年，由当时中国纺织大王石凤翔所建，是国军军需厂。抗战期间，曾遭日军多次轰炸。1966年改制为陕棉十一厂

此时的大华纱厂还承担着抗战物资的生产任务，如果此时迁厂，不但影响抗战物资的供应，还会使西安的一些小型织布厂、被服厂因无原料来源而造成更多工人失业。因此中共西安市工委决定以"继续生产、支援前线"为口号，发动工人进行复工斗争。

工委和工厂党支部发动党员和积极分子，通过厂内的同乡会等团体串联工人，把他们组织起来，推选出了十多名工人代表组成复工斗争的领导机构。工委和工厂党支部与工人代表共同起草呼吁书，印发各工厂和各界人士，争取社会的同情和支持。此外，工委还组织工人向省总工会请愿，以合法的斗争形式开展斗争。西安的各大报刊也为大华纱厂工人的复工斗争呐喊助威。通过两个多月的努力，工人们修复了厂房，安装了部分机器，工厂重新开工，生产逐渐恢复，工人生

石凤翔在大华纱厂的办公室复原场景

"大华·1935"产业园区

活有了保障。

这次事件后的又一次日军飞机空袭中,大华纱厂的党组织为了保护工人的生命安全,发动工人群众推倒围墙,冲出工厂并安全地进入防空洞躲避。

这两次斗争表明,工人阶级在共产党的领导下已经团结起来了,工人斗争的勇气及其胜利的信心都大大增强了。

1941年,大华纱厂成立了大华纺织专科学校,校址即设在厂区内,由时任纱厂理事长的石凤翔担任校长。该校是陕西近代教育史上第一所纺织工业专科学校,为陕西、西北地区乃至全国输送了大批纺织工业专门人才。1942年至1948年,由于战争的破坏,大华纺织厂的生产时断时续,但厂内职工积极参加革命,成立党小组,成立地下组织和纠察队,在保护厂区和厂内职工的安全中发挥了重要作用。

人物档案

石凤翔

石凤翔(1893—1966),湖北省孝感市孝昌县人,我国著名的纺织教育家、纺织技术专家及纺织实业家,一生致力于发展、振兴民族纺织工业,是西北近代纺织业的奠基者。他在企业经营管理上注重改进生产技术,提高生产质量,拓宽营销渠道,讲求经营方式。他还创办了台湾大秦纺织厂、台湾中国人造纤维公司,也是台湾化纤工业的开拓者。

石凤翔

石凤翔不仅经营大华纱厂，而且与他人合作创办了大秦毛纺厂，还创建了大华酒精厂、实华实业、信义贸易公司等十余家企业，为抗战和西部民族工商业的发展做出了很大贡献。他还创办了大华纺织专科学校，为我国西部的纺织业发展培养了大量技术人才。

基地链接

大华·1935

位于西安城墙东北处，与大明宫国家遗址公园仅一墙之隔的大华纱厂旧址，被改造成了西安第一个工业遗产博物馆产业园——"大华·1935"产业园，它是西北地区首个工业遗产保护项目。"大华·1935"产业园是集工业遗产博物馆、文化艺术中心、城市活动中心为一体的新型城市综合体。

大华工业遗产博物馆建在1935年所建的大华纱厂老厂房之内。博物馆大门是由厂房锅炉房改造的。馆内的布置以大华纱厂的发展轨

大华工业遗产博物馆

馆内"凤凰涅槃"钢铁艺术画

迹为主线，分为"兴建·创业 1935—1949""新生·发展 1949—2008""嬗变·重生 2008—2013"三部分。馆内不仅展示了原纱厂使用的大型机器，比如发电机、织布机等，而且陈列了纱厂生产的各类产品，还重现了当时工人日常生产生活的全貌。这些陈设对曾经在这里工作过的人们来说具

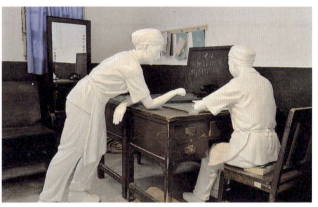

博物馆内展示的当年工人工作的场景

有十分重要的纪念意义，也体现了该博物馆的人文情怀。

安吴青年训练班纪念馆

安吴青年训练班纪念馆位于陕西泾阳县安吴镇安吴堡村。安吴青训班是在中共中央青年工作委员会领导下，以西北青年救国联合会的名义，在当时的国民党统治区陕西省泾阳县安吴堡举办的培训青年干部的重要场所。它是抗日青年的旗帜、革命青年的熔炉、中国青运史上的丰碑。朱德曾为青训班题词："学好本领上前线！"安吴青年训练班纪念馆现存吴氏庄园、教务处驻地望月楼、集会场所迎祥宫、露天

安吴青年训练班纪念馆

课堂吴氏陵园（柏树林），另建有安吴青训班史迹陈列室。景点集古建遗迹、革命旧址和国学大师吴宓故里为一体。2018年，入选全国中小学生研学实践教育基地。

研学活动导学案

一、活动目标

1. 了解全面抗战爆发后陕西军民抗战的行动。

2. 认识陕西军民抗战行动对取得全面抗战胜利的重要意义。

3. 了解大华纱厂工人的抗日救亡运动,学习他们不畏困难、不怕牺牲的爱国热忱。

4. 了解安吴青训班的相关历史,认识其对革命的贡献。

5. 探究陕西军民抗战的主要事迹,认识陕西军民对全国抗战所做的贡献。

二、课程链接

1. 部编版《语文(四年级)》下册《小英雄雨来》

2. 部编版《语文(九年级)》上册《我爱这土地》

三、活动内容

1. 参观西安第一个工业遗产博物馆产业园——"大华·1935"产业园。

2. 在大华纱厂旧址开展模拟记者采访活动，报道日本侵略者轰炸西安平民的残暴行径。

3. 参观安吴青年训练班纪念馆。

4. 举行学生宣传"全民族团结一致、支持抗战"的街头演讲，以及募捐模拟活动。

5. 结合青年学生实际提出支持抗战的活动方案，小组组织开展全国各界团结一致支持抗战的讨论会。

四、拓展延伸

1. 观看文献纪录片《陕西抗战纪实》。
2. 阅读《陕西军民抗战纪事》（中共陕西省委党史研究室编）。
3. 探究：陕西抗战在全面抗战中的地位和重大意义。
（提示：查阅相关文史资料，用翔实的材料论证说明。）

活动记录

研学主题	
研学方式	
知识积累	1. 全面抗战爆发后，中国工农红军主力改编为＿＿＿＿＿＿＿＿＿＿＿。1937年8月八路军总部和一一五师在泾阳县的＿＿＿＿＿＿＿＿＿誓师后，八路军相继东渡黄河，奔赴华北抗日前线。 2. 应朱德、彭德怀之邀，西安同仁医院罗锦文成立了由14名青年医护人员组成的全国第一个志愿上前线的＿＿＿＿＿＿＿＿＿＿，开赴晋西北抗战前线。 3. 1938年，经过三次＿＿＿＿＿＿＿＿保卫战，使日寇通过风陵渡染指中国大西北的战略意图彻底落空，只能望河兴叹，改为对陕西军民进行空袭轰炸。直至抗战结束，日寇终未能踏进陕西一步。

主要活动	
合作探究	探究：结合青年学生实际提出支持抗战的活动方案，开展如何支持抗战的讨论会。（提示：先自主探究思考，然后小组进行交流，相互补充，记录要点。） 探究方法 _____ _____ _____ _____ 要点记录 _____ _____ _____ _____ _____ _____ _____

展示交流

选题一：小组用多媒体分享所拍照片，根据照片内容介绍同学们研学活动的情景。要求声音洪亮，条理清楚，落落大方，尽量脱稿。

选题二：小组代表上台交流合作探究中的问题，也可以交流自己小组感兴趣的问题。其他小组可提问、补充、质疑、建议。

选题三：小组用自己喜欢的方式（可以是诵读、主题演讲、讲革命故事等）分享研学的收获。要求各小组全员参与，从不同角度创造性地分享研学收获。

（提示：以上几种展示交流的方式，各小组可任选一种。）

我们组展示交流的内容

我们的创意

心得体会	
活动评价	1. 小组内评价：小组成员对研学活动中各个同学的表现进行评价。大家对我的评价_____ _____ _____ _____ 2. 自我评价：根据下面的六项内容，回顾研学过程中自己的表现，按照优秀（五颗星）、良好（四颗星）、一般（三颗星）、有较大提升的空间（一至两颗星）的标准进行自我评价。 团结协作_____　　创新精神_____ 自理能力_____　　沟通分享_____ 出行纪律_____　　实践能力_____

红色堡垒

讲 述

1936年夏,银行资本家在西安革命公园西边沿崇廉路(今西七路)一带投资修建的房屋落成,对外招租。这是一个自西向东、由十座院落组成的建筑群,借"竹林七贤"之意,取名"七贤庄"。

红军长征到达陕北以后,急需医疗器械和药品,周恩来指派在张学良身边工作的共产党员刘鼎在西安设立秘密交通站,设法购置。接到命令后,刘鼎立刻去上海物色可以作为掩护的人选。宋庆龄、艾格尼丝·史沫特莱向刘鼎推荐了德国牙科医生温奇·海伯特(又名冯海伯)。海伯特是犹太人,毕业于柏林大学,学生时代即参加反法西斯活动,加入法国共产党,因遭受法西斯迫害而来到中国。海伯特于1936年6月来到西安,以200块银圆租下七贤庄一号院,成为七贤庄的第一位房客。海伯特在此开设牙科诊所,门口挂着"德国医生海伯特牙科诊所"的牌子,并担任张学良的牙医顾问。

在海伯特的掩护下,设在诊所里的中共秘密交通站为延安采买、转运急需的医疗器械和通信器材,从上海、香港、武汉等地采购来的大批物资经这里运往陕北,为刚刚到达陕北的中央红军解决了急需物资。

1936年12月12日,西安事变爆发。为了协调红军同东北军、西

西安八路军办事处

七贤庄

北军的行动,争取广大人民群众了解抗日民族统一战线,中共在七贤庄一号院设立了"红军联络处",在叶剑英的领导下开展工作,李克农、李涛主持日常工作。由此,这里就变成了中共半公开的办事机构。在中国共产党的调停下,西安事变和平解决。张学良将军随蒋介石去南京后,中共代表团迁至七贤庄一号院,周恩来、博古、叶剑英和罗瑞卿等就在这里办公。

西安事变和平解决后,全国

1937年春,叶剑英(左)、周恩来(右)与张冲(中)在七贤庄

范围的抗日民族统一战线初步形成。由于国内形势及蒋介石的政策发生变化,1937年1月,周恩来派李克农前往潼关,与顾祝同会谈,商议关于在西安建立红军联络处的相关事宜。会谈结果上报后,获得蒋介石的同意。月底,七贤庄门外挂出了"国民革命军第十七路军第三十八军教导队通信训练班"的牌子,但其真实身份是红军办事处。

1937年2月初,周恩来迁出张公馆,搬到了七贤庄一号院。在这里,他与叶剑英一起做东北军和西北军的统战工作。周恩来曾三次会见东北军政训处处长卢广德,要求他广泛接近干部,做稳定军心的工作。周恩来还接见了东北军的其他军官,同大家一起合唱《松花江上》,勉励大家团结抗战。从2月到7月,周恩来从七贤庄一号院出发,先后到上海、杭州、南京等地,同国民党进行谈判。

1937年7月7日,卢沟桥事变爆发,日本开始了全面侵华。消息

西安军民上街游行,支持张学良、杨虎城的抗日壮举

传到延安,中共中央率先向全国发出通电:"只有全民族实行抗战,才是我们的出路。"同时派周恩来、秦邦宪、林伯渠等再上庐山,与国民党进行谈判。中共代表团向蒋介石提交了《中国共产党为公布国共合作宣言》,向全国郑重声明:取消红军名义及番号,改编为国民革命军,合作抗日,共赴国难。7月17日,蒋介石在庐山发表《抗战宣言》,正式宣布对日抗战。8月13日,八一三事变爆发。8月22日至25日,中共中央在洛川召开政治局扩大会议,通过《抗日救国十大纲领》,提出了全面抗日的主张,同时将所属武装力量改编为八路军,开赴抗日前线。9月22日,国民党通讯社发表《中国共产党为公布国共合作宣言》。次日,蒋介石发表谈话,指出团结御侮的必要,实际上承认了共产党的合法地位。至此,以国共合作为基础的抗日民族统一战线正式形成,中国开始进入全民族抗战阶段。

事件回顾

时代洪流的闸口

西安八路军办事处是中国共产党在国民党统治区设立的第一个公开的合法办事机构。林伯渠、董必武先后担任过办事处的党代表,周恩来、朱德、刘少奇、彭德怀、叶剑英、邓小平、陈云等都在这里主持或指导过工作,为团结一切抗日力量、发动全民抗战做出了巨大贡献。伟大的国际主义战士白求恩大夫赴延安途中,也曾在这里住过。

由于西安的特殊位置,全面抗战开始后,办事处自然成为联结各

西安八路军办事处接待站

抗日根据地以及国民党统治区的桥梁。据统计，经办事处回到延安的西路军有4000多人。红军北上抗日后，南方各省的党组织几乎都被破坏，逐步恢复的党组织及党员寻找党中央，不论是来人还是写报告，都要经西安七贤庄联系。在此期间，由红军联络处送往延安的党员就有700多人。国共合作后，各地青年来西安的特别多。1938年4月，中国人民抗日军事政治大学派来了柏克、鲁明，陕北公学派来了张涛，吴堡青训班也派了人来，在办事处设立专门的招生点；党中央还批准办事处成立招生委员会，专门负责接待各地青年去延安的工作。当时，很多流亡青年到西安后，食宿路费都成了问题，办事处在经费十分拮据的情况下，扩充了一处招待所解决这些人的食宿，并且对没有路费的青年学生给予补助，对女青年还给予乘车的便利。正如办事处给中央的报告所说："延安学生总数将近万余，差不多完全经过西安输送。"

1939年以后，国民党顽固派不断掀起反共高潮，在西安禁止商号卖给八路军所需物品，对办事处的工作千方百计地进行破坏捣乱。他们利用"八办"距离新城北门较近的地理条件，在办事处周围建立特务据点达20余处，企图限制办事处的活动。还在今革命公园、北新街小学等处挖洞或修筑哨楼。而那些整天游荡在办事处四周的特务更是不计其数。西安八路军办事处在党中央和毛泽东的领导下，正确执行党的"发展进步势力，争取中间势力，孤立顽固势力"的方针，在与反共顽固派的斗争中，坚持"有理、有利、有节"的原则，粉碎了顽固派的阴谋破坏活动，为抗日战争的胜利做出了贡献。

七贤庄虽然处在特务横行、白色恐怖笼罩的西安，但在广大人民的支持和保护下，却誉满全城，扩大了革命影响，被称为西安城内的"小延安"。抗日战争胜利后，国民党发动内战，办事处被迫于1946年撤回延安，结束了在西安城内近十年的艰苦卓绝的斗争。

七贤庄

人物档案

叶剑英

叶剑英（1897—1986），原名宜伟，字沧白，广东省梅县（今梅县区）人。久经考验的忠诚的共产主义战士，坚定的马克思主义者，伟大的无产阶级革命家、政治家、军事家，参与了南昌起义，领导了广州起义，是中国人民解放军的缔造者之一，中华人民共和国的开国元勋，长期担任党、国家和军队的重要领导职务，曾任第五届全国人大常委会委员长等职。

叶剑英

基地链接

八路军西安办事处纪念馆

八路军西安办事处纪念馆位于陕西西安市北新街七贤庄一号。1959年,西安市人民政府在办事处原址上建立"八路军西安办事处纪念馆"并正式开放,叶剑英亲笔题写了馆名。纪念馆开辟了陈列室,陈列着当年的文件、证章、电台、刊物、新闻图片,以及烈士手稿遗物、照片等革命历史文物,生动地展现了办事处成立经过、历史任务,以及办事处同志们工作学习、与敌人英勇机智斗争的情景,是对广大人民进行爱国主义和革命传统教育的生动课堂。

八路军西安办事处纪念馆

研学活动导学案

一、活动目标

1. 了解八路军西安办事处在建立全国抗日民族统一战线中的重要作用。

2. 了解八路军西安办事处为抗战所做的重要工作。

3. 了解学习叶剑英等老一辈无产阶级革命家在危险艰苦的困难环境中不畏牺牲的奉献精神。

4. 通过研学活动,进一步认识八办对联通全国与革命圣地延安的意义和价值。

5. 探究八办精神的主要内涵。

二、课程链接

1. 部编版《中国历史(八年级)》上册《七七事变与全民族抗战》

2. 人教版高中《历史(必修1)》中的《抗日战争》

三、活动内容

1. 参观八路军西安办事处纪念馆。
2. 开展少先队、共青团宣誓活动。
3. 听八路军西安办事处纪念馆工作人员讲革命故事。
4. 举行青年学生宣传全民族团结抗战的街头演讲模拟活动。
5. 举行对八办工作作风方法的讨论,进一步认识体会有理有利有节地开展斗争工作的方法。

四、拓展延伸

1. 阅读《抗日战争时期的西安八办》(中共陕西省委党史研究室、八路军西安办事处纪念馆编)。
2. 搜集阅读叶剑英、李克农、宣侠父等革命先辈的事迹。
3. 探究:学习发扬八办精神,探讨在国家发展、民族复兴的新阶段,八办精神对青少年学生的重大意义。

(提示:查阅相关文史资料,用翔实的材料论证说明。)

研学主题	
研学方式	
知识积累	1. 1936年6月，在_____、艾格尼丝·史沫特莱推荐下，德国共产党员、牙科医生温奇·海伯特来到西安，租下七贤庄一号院，开设牙科诊所，并在诊所里建立了_____，为延安采买、转运急需的医疗器械和通信器材，从上海、香港、武汉等地采购来的大批物资经这里运往陕北，为刚刚到达陕北的中央红军解决了急需物资。 2. _____是中国共产党在国民党统治区设立的第一个公开的合法办事机构。周恩来、朱德、刘少奇、彭德怀、叶剑英、邓小平、陈云等都在这里主持或指导过工作，为团结一切抗日力量、发动全民抗战做出了巨大贡献。 3. 1937年7月7日，卢沟桥事变爆发，日本开始全面侵华。8月22日至25日，中共中央在洛川召开政治局扩大会议，通过《_____》，提出了全面抗日的主张，同时将所属武装力量改编为八路军，开赴抗日前线。9月23日，蒋介石发表谈话，指出团结御侮的必要，实际上承认了共产党的合法地位。至此，以国共合作为基础的_____正式形成，中国开始进入全民族抗战阶段。

主要活动	
合作探究	探究：认知八办精神的具体表现。（提示：八办精神总结为四个方面：矢志不渝的理想追求、同心协力的大局意识、机智灵活的斗争艺术、不怕牺牲的革命气节。选取其中的一个方面，搜集相关资料探究讨论。） 探究方法_____ _____ _____ 要点记录_____ _____ _____ _____ _____ _____ _____

展示交流

选题一：小组分享研学活动中收集到的关于八路军西安办事处纪念馆作为红色桥梁，把全国进步青年转送到革命圣地延安的具体史实。要求声音洪亮，条理清楚，落落大方，尽量脱稿。

选题二：小组讨论八办对革命圣地延安的支持和贡献。

（提示：以上两种展示交流的方式，各小组可任选一种。）

我们组展示交流的内容_____

_____

_____

我们的创意_____

_____

_____

_____

_____

_____

_____

心得体会	
活动评价	1. 小组内评价：小组成员对研学活动中各个同学的表现进行评价。大家对我的评价_____ _____ _____ _____ 2. 自我评价：根据下面的六项内容，回顾研学过程中自己的表现，按照优秀（五颗星）、良好（四颗星）、一般（三颗星）、有较大提升的空间（一至两颗星）的标准进行自我评价。 团结协作_____　　创新精神_____ 自理能力_____　　沟通分享_____ 出行纪律_____　　实践能力_____

智取华山

讲 述

　　1945年8月15日，日本无条件投降，抗日战争取得胜利。此后，解放军在中国共产党的领导下，为推翻国民党的反动统治，解放全中国，进行了一系列的斗争，也就是我们所说的解放战争。从当时全国战场看，1948年9月—1949年1月，中国人民解放军发动了辽沈、淮海、平津三大战役，消灭了国民党反动派的主要军事力量。到了1949年4月21日，解放军百万雄师过大江，发动了渡江战役，于4月23日，占领了南京总统府，宣告了国民党统治的失败。

《智取华山》连环画封面

华山脚下的玉泉院

在西北战场，解放战争形势也一片大好。1948年夏天，西北野战军在渭南地区接连发动了澄合、荔北等战役。1949年2月，西北野战军更名为第一野战军，并且在1949年2月至3月发动了为期一个月的春季攻势，渭河以北地区7个县全部解放。

5月，第一野战军发动了陕中战役，进攻渭河南岸，国民党军队被解放军追赶围歼，四处逃窜，狼狈不堪。5月20日，随着西安解放的消息传到华阴，已遭重创的国民党保安第六旅旅长兼大荔专署专员韩子佩率残部一个营和旅部共计400余人逃上华山，企图凭借华山天险负隅顽抗，并联络胡宗南伺机反扑。

智取华山八勇士简介

八勇士战后合影

解放军第一野战军侦察参谋刘吉尧奉命率侦察小分队八名勇士上山摸清敌情。在采药山民王银生的指引下,绕开"自古华山一条路",攀悬崖、登峭壁、渡险境,终于找到了从石崖上爬过华山北峰的上山之路。侦察员们历经千难万险,终于到达了华山北峰。北峰是上下华山的必经之路,只有夺取北峰,才能切断敌人上下山的通道。刘吉尧果断决定在晚上打敌人一个措手不及,夺取北峰。睡梦中的敌人想不到解放军会如天兵般从天而降,顿时乱作

"智取华山"石刻

一团,还没来得及穿衣服就成了俘虏,北峰很快就落入解放军之手。解放军增援部队赶到北峰后,发起总攻击,以摧枯拉朽之势将残敌彻底消灭,以少胜多,解放华山,完成了"神兵飞跃天堑,英雄智取华山"的历史壮举。

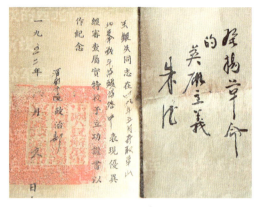

王银生的立功证书

1953年,这段传奇被拍成了电影《智取华山》。

事件回顾

荔北战役

1948年,西北战场已由战略防御阶段转入战略进攻阶段。西北野战军司令员兼政治委员彭德怀根据中共中央军委关于秋季攻势作战的统一部署,在配合中原野战军解放郑州及华北军区部队发起太原战役的同时,针对国民党西安绥靖公署主任胡宗南在潼关和西府(关中平原西部)的军队,发起了解放陕东的战役。战役从1948年8月5日开始至12日晚停止,西北野战军共歼灭国民党军2.5万人。胡宗南的5个机动师大部被歼灭,仅剩第一六〇师比较完整,西北战场双方的力量对比由此发生逆转。

荔北战役是一次大规模的平原地区攻坚战役。此战役极大地削弱了胡宗南集团的实力,遏制了其抽兵东顾的企图,有效地配合了中原、华北野战军的作战。

荔北战役

人物档案

刘吉尧

刘吉尧（1922—2011），陕西省渭南市蒲城县大孔乡太峪沟村人，特级战斗英雄。1946年跟随胡景铎将军在横山起义，后参加中国人民解放军，同年加入中国共产党。刘吉尧在解放西北的战斗中曾参加过多场重要战役，先后荣立战功8次，多次被评为模范和先进。

刘吉尧重游天安门城楼

基地链接

荔北战役烈士陵园

荔北战役烈士陵园位于陕西大荔县户家乡西大壕营村北。陵园面积为41亩，建有高约14.8米的荔北战役烈士纪念碑和200余平方米的荔北战役纪念馆。纪念馆展厅墙面集中展示了解放战争时期党和军队主要领导人的简介和重要文电，展厅内陈列了许多烈士遗物，如军帽、军装、弹夹、弹壳、铁锹、水壶等。陵园内共安葬着717位烈士遗骨。

荔北战役烈士陵园

荔北战役烈士陵园

智取华山路革命教育系列景点

华山之险居五岳之首，有"自古华山一条路"的说法。为纪念解放华山这一英雄壮举，让这一精神代代相传，20世纪90年代在华山景区凿通了从黄甫峪进山，全程长2千米的"智取华山路"，修建了3999级台阶，直达北峰，也结束了"自古华山一条路"的历史，并沿途修建了红色旅游的重要景点，成为爱国主义教育场所。

2009年6月，为纪念解放华山60周年，传承侦察分队依靠群众、智取华山的光荣传统，景区先后修建了解放华山纪念亭、军魂纪念碑、智取华山八勇士雕塑等一系列革命教育景点，并通过免费讲解，让游客在欣赏华山美景的同时，接受爱国主义教育。

智取华山路鸟瞰图

解放华山纪念亭

智取华山八勇士雕塑

研学活动导学案

一、活动目标

1. 了解荔北战役的背景及意义，学习革命历史知识。

2. 聆听刘吉尧等八勇士智取华山的英雄事迹，学习英雄不畏艰险、勇于斗争的精神。

3. 参观智取华山路革命教育系列景点，感受英雄壮举，接受爱国教育。

二、课程链接

人教版高中《历史（必修1）》中的《解放战争》

三、活动内容

1. 参观荔北战役纪念馆，瞻仰烈士遗物，聆听荔北战役的英雄事迹。

2. 向荔北战役烈士纪念碑敬献花篮，师生代表在纪念碑前做"继承先辈理想，实现中华复兴"主题演讲。

3. 重走"智取华山路",参观华山纪念亭、军魂纪念碑、智取华山八勇士雕塑等一系列革命教育景点。

4. 组织主题班会,分享照片及研学心得体会。

四、拓展延伸

1. 观看电影《智取华山》、电视剧《智取华山传奇》相关片段。

2. 观看大型主题宣传片《永远的丰碑——红色记忆》。

3. 阅读《荔北丰碑》(中共大荔县委编)。

4. 查找资料,了解陕西解放的经过。

活动记录

研学主题	
研学方式	
知识积累	1. _____ 年 8 月 15 日，日本无条件投降，抗日战争取得胜利。 2. 1948 年 9 月—1949 年 1 月，中国人民解放军发动了_____、淮海、平津三大战役，消灭了国民党反动派的主要军事力量。 3. 解放军第一野战军侦察参谋_____奉命率侦察小分队八名勇士绕开"自古华山一条路"，夺取了华山北峰。 4. 荔北战役极大地削弱了_____集团的实力，遏制了其抽兵东顾的企图，有效地配合了中原、华北野战军的作战。

智取华山 137

主要活动	
合作探究	探究：智取华山的八名勇士攀悬崖、登峭壁、渡险境，完成了"神兵飞跃天堑，英雄智取华山"的历史壮举，激励他们克服千难万险的精神力量是什么？ 探究方法 要点记录

展示交流	选题一：小组用多媒体分享所拍照片，根据照片内容介绍同学们在荔北战役烈士陵园或者智取华山路革命教育系列景点进行研学活动的情景。要求声音洪亮，条理清楚，落落大方，尽量脱稿。 选题二：小组代表上台交流合作探究的问题，也可以交流自己小组感兴趣的问题。其他小组可提问、补充、质疑、建议。 选题三：小组用自己喜欢的方式（可以是诵读、主题演讲、讲革命故事等）分享研学的收获。要求各小组全员参与，从不同角度创造性地分享研学收获。 （提示：以上几种展示交流的方式，各小组可任选一种。） 我们组展示交流的内容_____ 我们的创意_____

心得体会	
活动评价	1. 小组内评价：小组成员对研学活动中各个同学的表现进行评价。大家对我的评价 _____ _____ _____ _____ 2. 自我评价：根据下面的六项内容，回顾研学过程中自己的表现，按照优秀（五颗星）、良好（四颗星）、一般（三颗星）、有较大提升的空间（一至两颗星）的标准进行自我评价。 团结协作 _____　　创新精神 _____ 自理能力 _____　　沟通分享 _____ 出行纪律 _____　　实践能力 _____

扶眉战役

> 讲　述

解放陕西国统区的战斗，从 1945 年 10 月解放陕北的三边，到 1950 年 1 月解放陕南的镇坪县，共历时 4 年 3 个月。在中共中央西北局、中共中央中原局的领导下，解放陕西的战斗分别在陕北北部战场、陕北南部和关中战场、陕南战场等三个相对独立的战场进行。扶眉战役是解放关中的一场重要战役。

1949 年 7 月 10 日至 14 日，彭德怀指挥中国人民解放军第一野战

第一野战军第一兵团王震司令员动员部队打好扶眉战役这一仗

关于歼灭胡宗南、王治岐军的作战命令

军与从西安败退的17万国民党军进行了著名的扶眉战役，最终，第一野战军获胜并完全解放了关中。一野兵分三路向国民党发起进攻。王震率第一兵团，沿户县、周至西进，在子午口、黑山寺、哑柏、横渠击溃敌第九十军后，于14日攻占宝鸡益门镇；许光达率第二兵团攻克临平，经天度、法门、青化、益店，一夜行军75公里，插至敌军后方的罗局镇，又夺取了眉县车站，连续击退敌军10余次突围，后又激战10余小时，攻克扶风，将敌第六十五军一部及三十八军、一一九军大部压缩于渭河滩并予以围歼；担任战役正面主攻任务的解放军第十八兵团，在周士第指挥下由西凤公路、陇海铁路西进，首歼漆水河两岸及武功南北线之敌后，一部插入杏林、绛帐，击溃敌二四七师，歼灭一八七师主力，收复武功，继续进军至罗局镇东南与第二兵团会师，合歼残敌；杨得志率解放军第十九兵团在乾县、礼泉阻击马鸿逵部，保证了扶眉战役的胜利进行。此役一举歼灭国民党胡宗南部4个军6个师和另外6个团共4.3万余人，再次解放了宝鸡及9个县城，为解放大西北和大西南奠定了基础。

在扶眉战役中，3000多名解放军指战员壮烈牺牲，伤亡合计4700

人民解放军解放了西府重镇宝鸡，建立政权

多人。他们在新中国成立前夜的战斗中英勇牺牲，以自己的宝贵生命和血肉之躯为新中国的诞生、为人民通往和平幸福铺设了一条光明大道。

扶眉战役解放了陕西关中西部的广大地区，为我军解放陕西全境，向甘肃、宁夏、青海、新疆进军，解放大西北，配合第二野战军解放大西南创造了有利条件。

事件回顾

解放西安

解放战争后期，古都西安未经战火破坏而得以完整保存，实为幸事。但很少有人知道，竟然是因为国民党军的一次错误军事情报，古城才免去一劫。

自 1949 年 4 月解放军横渡长江攻占南京，国民党阵营已是一片慌乱。人民解放军第一野战军也已挥师南下，发起春季攻势，迅速夺取渭北各县，形成对西安的半包围态势。面对这种局势，国民党西安绥靖公署主任胡宗南，曾经不可一世的"西北王"，陷入了进退两难的焦虑之中：放弃自己苦心经营多年的西安，实在于心不甘；坚守下去，又恐被解放军聚而歼之。最终迫使胡宗南忍痛撤出西安的却是一个偶然因素。1949年5月中旬，国民党空军侦察报告：共军华北兵团正在抢渡黄河入陕。其实，渡河的只是北平和平解放后接受改编的起义部队两个师。胡宗南闻讯大惊，紧急决定将所部主力六个军撤至宝鸡地区布防；将留守西安的任务交给十七军军长杨德亮，令其凭城坚守，等待主力反攻。5月17日凌晨，又在六谷庄绥靖公署招待所召集陕西党政军各部门首脑及部分社会名流，举行紧急疏散会议。胡宗南根本不会料到，这次会议的详细情况，仅仅几个小时后便被一野司令部所掌握。当晚，人民解放军第一野战军副司令员张宗逊紧急调整部署，决定以野战军主力向西截击撤退之敌，同时以第一野战军第六军攻占西安。5月18日晚，人民解放军第一野战军第六军急行军百余里，解放咸阳，兵临渭河。罗元发军长当机立断，强攻渡过渭河。黎明时分，第六军分路追击残敌，直逼西安城下。这时，西安中共秘密组织先后

第一野战军坦克部队通过国民党西安绥靖公署门前的场景还原图

派出王超北、伍生荣、连承先、任书田、赵和民等分头同各路攻城部队取得联系,两条战线的战友终于在这胜利的时刻会合在一起了。西安遂为解放军所控制。

同时,在城内中共组织策划下,国民党西工团管区司令王子伟率部保护财产,维持治安;西安民众自卫总队专职总队长闵继骞率部起义,接收了城防。

胡宗南在撤离西安时,曾拟订一个破坏西安工业的计划。5月20日上午,当解放军兵临城下时,国民党第十七军军长兼西安警备司令杨德亮便派出工兵爆破队到各重要工厂实施破坏。在西安发电厂,正当中共秘密党员组织工人护厂队与敌军工兵排相持不下、情况危急之际,奉令保护电厂的解放军第六军四十九团二营跑步赶到,全歼敌军工兵排,缴获大量炸药,电厂得以保全。在陇海铁路局西安机车厂,中共秘密党员领导的护厂工人蜂拥而来,将爆破队团团包围,齐声谴责说:"我们有准备,你们破坏不了!"迫使敌兵退去。在大华纱厂,由于工人们尽力保护,爆破队仅把锅炉炸坏,电机等重要机器完好无损。在中南火柴厂,工人智斗匪徒,欺骗他们说:"我们厂没有锅炉。"他们不信,在厂内四处寻找。这时厂内工人齐声高喊:"解放军进城

西安各界人士游行,欢庆西安解放

了!"敌军一听,立刻惊惶万状,爬上汽车便逃走了。到20日中午,西安的国民党守军,有的被歼灭,有的缴械投降,有的投诚,杨德亮则率残部逃入秦岭。具有讽刺意味的是,当日出版的《西京日报》竟然还登载着他"死守西安与共军周旋到底"的报道。

西安,这座西北重镇、千年古都,就此完整地回到了人民的手中。5月22日上午,人民解放军第一野战军第六军举行了隆重的入城式,古都西安成为一片欢腾的海洋。千年古都的历史,从此翻开了新的一页。

人物档案

许光达

许光达(1908—1969),湖南省长沙县东乡萝卜冲人。无产阶级革命家、军事家。黄埔军校第五期毕业生,在莫斯科列宁学院、东方劳动者共产主义大学学习。抗战时期,任抗日军政大学训练部部长、教育长、分校校长,中共中央革命军事委员会参谋部部长兼延安交通司令、防空司令和卫戍司令。解放战争中任西北野战军军长、第二兵团司令员。他是中国首任装甲兵司令员、中共第八届中央委员、第一至第三届国防委员会委员、国防部副部长。1955年被授予大将军衔,获一级八一勋章、一级独立自由勋章、一级解放勋章。

许光达

杨得志

杨得志（1911—1994），原名敬堂，籍贯湖南省醴陵南阳桥（今属株洲）三望冲村人。红一团团长，创造了飞夺泸定桥的奇迹，任中国人民志愿军副司令员、国防部副部长。1955 年，授上将军衔，获一级八一勋章、一级独立自由勋章、一级解放勋章；1988 年，获一级红星功勋荣誉章。

杨得志

基地链接

扶眉战役纪念馆

扶眉战役纪念馆位于陕西省眉县常兴镇，1953 年，为纪念在扶眉

扶眉战役纪念馆

扶眉战役纪念碑

战役中壮烈牺牲的3000多名解放军指战员，由扶风、眉县、岐山三县人民共同集资修建了一处烈士陵园。1972年，修建了战役纪念馆和烈士纪念碑；2002年对陵园进行了全面改建，修建了牌楼、烈士名录牌、纪念园、纪念亭、战役群雕、烈士雕像，并改建了烈士墓区，扩建了纪念馆。馆内珍藏着大批珍贵资料、历史文物、烈士遗物，以及部分领导人、参战将军的题词。

西安烈士陵园

西安烈士陵园位于西安市城南东仪路141号，始建于1952年3月，是陕西省兴建较早、规模最大的一座烈士陵园。陵园纪念馆内陈列着

西安烈士陵园纪念碑

从辛亥革命到社会主义建设时期的陕西革命史中的3000余位英烈的事迹和英名录，包括大革命时期英勇就义的革命志士王德安等"九烈士"，抗战时期的民族英雄刘桂五、宣侠父，解放战争中的著名爱国民主人士杜斌丞、战斗英雄秦富德，抗美援朝中的"八勇士"之一侯天佑，社会主义建设时期雷锋式的大学生张华等786名烈士。纪念馆内的布置以中国革命为线索，采用编年体和纪事体相结合的形式，在简要介绍革命史的过程中，分时期重点介绍革命烈士生平事迹，同时辅助陈列一些为介绍烈士而创作的中国画、油画、铜浮雕、壁画等艺术品。整个陈列既有现代气息，又突出了陕西的历史文化特色。

研学活动导学案

一、活动目标

1. 参观扶眉战役纪念馆,了解扶眉战役发生的历史背景及历史意义。

2. 聆听扶眉战役的讲解,了解革命先烈的英勇事迹,接受革命传统教育,增强历史使命感和社会责任感。

3. 通过祭扫西安烈士陵园活动,让学生铭记历史,感受革命烈士为了国家"抛头颅、洒热血"的爱国情怀。

二、课程链接

1. 部编版《中国历史(八年级)》上册《人民解放战争的胜利》
2. 人教版高中《历史(必修1)》中的《解放战争》

三、活动内容

在扶眉战役纪念馆或西安烈士陵园开展以下活动:

1. 演唱《红梅赞》《英雄赞歌》等革命歌曲,歌颂先辈精神。

2. 选取同学代表,讲述革命英雄的故事。

3. 向革命烈士献花,表达对烈士的敬仰之情。

4. 组织爱国主义诗歌朗诵活动,追忆革命先烈的峥嵘岁月。

5. 开展"发扬先辈精神,中华复兴有我"签名活动。

四、拓展延伸

1. 观看纪录片《口述历史:扶眉战役回忆录》《铁甲元勋:许光达》《许光达大将》。

2. 观看电影《大进军——解放大西北》。

3. 阅读《杨得志回忆录》(杨得志著)。

4. 探究许光达、杨得志将军的革命生涯。

研学主题	
研学方式	
知识积累	1. 解放陕西的战斗分别在陕北北部战场、_____、陕南战场等三个相对独立的战场进行。 2. 1949 年 7 月 10 日至 14 日，_____指挥中国人民解放军第一野战军与从西安败退的 17 万国民党军，展开了著名的_____战役，第一野战军获胜并最终解放了关中。 3. 西安于_____年_____月_____日获得解放。

主要活动	
合作探究	探究： 1. 为了中华人民共和国的建立，无数革命志士前仆后继，英勇奋斗，他们共同的信仰是什么？ 2. 扶眉战役歼灭敌军4.3万余人，红军伤亡4700多人，这场战役以少胜多的原因有哪些？ 探究方法 要点记录

展示交流	选题一：小组用多媒体分享所拍照片，根据照片内容介绍同学们在扶眉战役纪念馆或者西安烈士陵园进行研学活动的情景。要求声音洪亮，条理清楚，落落大方，尽量脱稿。 选题二：小组代表上台交流合作探究中的一个问题，也可以交流自己小组感兴趣的问题。其他小组可提问、补充、质疑、建议。 选题三：小组用自己喜欢的方式（可以是诵读、主题演讲、讲革命故事等）分享研学的收获。要求各小组全员参与，从不同角度创造性地分享研学收获。 （提示：以上几种展示交流的方式，各小组可任选一种。） 我们组展示交流的内容 我们的创意

心得体会	
活动评价	1. 小组内评价：小组成员对研学活动中各个同学的表现进行评价。大家对我的评价是_____ _____ _____ _____ _____ 2. 自我评价：根据下面的六项内容，回顾研学过程中自己的表现，按照优秀（五颗星）、良好（四颗星）、一般（三颗星）、有较大提升的空间（一至两颗星）的标准进行自我评价。 团结协作 _____　　　创新精神 _____ 自理能力 _____　　　沟通分享 _____ 出行纪律 _____　　　实践能力 _____